우리는 어떻게 살다가 어디로 가는가?

이 소중한 책을

특별히＿＿＿＿＿＿＿＿＿＿＿＿＿＿＿＿＿님께

드립니다.

우리는 어떻게 살다가 어디로 가는가?

김일묵 목사 지음

나침반

하나님의 감동이 있어서
만들어진 책!

- 이 책은 전도현장에서 마땅한 전도용 책이 없어서 고민하는 전도자들을 위하여 만들었습니다.
- 이 책은 시골 목사에게 찾아오신 하나님의 음성과 감동을 중심으로 간증과 신앙입문서를 겸하도록 만들었습니다.
- 이 책은 글을 읽을 수 있는 사람이라면 누구나 재미있게 읽을 수 있도록 쉬운 내용과 큰 글씨로 만들었습니다.
- 이 책은 예수님을 믿지 않는 사람들이 이 책을 읽을 때 하나님이 주시는 감동과 하나님의 이끄심을 맛볼 수 있는 내용으로 만들었습니다.
- 이 책은 또한 교회를 다니면서도 믿음이 연약한 성도들에게 살아 역사하시는 하나님을 알려주므로 믿음이 더욱 자라도록 하기 위한 목적으로 만들었습니다.
- 이 책은 보통 사람을 특별한 사람으로 만들어 가시는 하나님의 놀라운 사랑과 은혜의 손길을 느낄 수

있는 책입니다.
- 이 책은 기도 중에 "책을 출간하라"라는 하나님의 감동이 있어서 만들어진 책입니다.
- 이 책에 나오는 신비한 현상들은 하나님께서 본인에게 보여주신 개인적인 체험으로 모두 사실입니다.

간증을 일반화할 수는 없겠지만 개인적인 체험을 바탕으로 개인의 소견을 기록한 것이니 다른 의견을 갖고 계신 분들은 너그러운 마음으로 양해해 주시길 바랍니다.

충북 옥천 서정교회 경청실에서
김일묵 목사

교리와 신앙생활을 이야기로 풀어낸
재미있고 유익한 영원한 생명으로의 초대장

필자가 고등학교에 다니던 시절, 어느 날 오전 첫 시간에 평양 숭실전문학교 교사로 있다가 월남한 한 선생님이 흑판에 'Heaven helps those who help themselves'라고 쓰시고는 "뜻을 알고 있는 학생 있으면 설명해보세요"라고 말씀하셨다. 한 학생이 손을 들고 일어서서 "하늘은 스스로 돕는 자를 돕는다는 뜻입니다"라고 대답했다.

선생님은 대답한 학생을 칭찬하신 후에 "이 말은 사업가는 요행을 바라고 사업을 시작해서는 안 되며 신앙인은 스스로 해야 할 일은 하지 않고 기도만 해서는 안 된다는 큰 교훈이다"라고 말씀하셨다. 이 명언은 전부터 알고 있었지만 나는 그날부터 그 뜻을 가슴에 간직하고 살았다.

오늘 아침, 김일묵 목사가 쓴 그의 자전적 인생관이라 할 수 있는 이 책의 초고를 읽으면서 문득 학창시절 영어 선생님이 강조하고 또 강조하신 이 격언이 마음에 떠올랐다. 필자는 김일묵 목사를 만나 학문적, 인간적 교제를 나누면서 김 목사는 형편이 좋은 부모 슬하에서 아무 걱정 없이 성장한 사람일 것이라는 인상을 받았다.

그런데 이 책의 초고를 읽으면서 김 목사가 초등학교를 졸업한 이후부터 오늘에 이르기까지 공부하고 시험 치고 진학하고 취업한 모든 과정에서 눈물 젖은 빵을 먹으며 수많은 밤을 지새우며 학업과 생업을 위해 힘든 인생길을 달려왔다는 사실을 처음 알았다. 그의 삶의 초반은 자신의 삶을 스스로 개척한 자립정신과 분투라고 한다면, 후반은 하나님의 뜻을 찾아 순종한 목양의 길이라고 말할 수 있을 것이다.

알다시피, 구우일모(九牛一毛)는 중국의 역사학자 사마천이 남긴 말로서 아홉 마리 소의 터럭 하나, 즉 보잘 것없는 존재(것)라는 의미로 사용되는 말이다. 우리는 이 말을 '인간의 꿈과 희생이 하나님의 위대하심에 비교할 때 보잘것없다'는 의미로 이해할 수 있을 것 같다.

김 목사는 늦게 시작한 신학 공부에 열정을 가지고 몰입한 듯 그의 책에서 편편이 설명한 교리와 삶의 이야기가 모두 바르고 시의적절하다. 또한 김 목사의 목회관은 투철하며 선교에 대한 실천은 열정적이다. 그는 큰 교회를 꿈꾸지 않았으나 앞으로 90명의 선교사를 돕기 위해서는 300명의 신자가 필요하다는 말이 감동적이었다.

필자는 최근 안과병원을 다니면서 글 읽기가 불편했는데, 이 책의 편집본을 펴고는 한숨에 다 읽어버렸다. 다음 이야기가 궁금해서 손에서 책을 놓을 수가 없었다. 그것은 내용의 중요성 외에도 흥미롭고 유머가 담긴 책이었기 때문이다. 이 책을 읽는 모든 독자는 길이요 진리요 생명이신 예수그리스도를 꼭 영접하여 영생의 삶을 살아가기를 소망합니다.

– 전 침례신학대학교 총장 도한호(철학 박사, 시인)

예수님을 만나면
인생의 방황이 끝이 납니다

인간은 만물의 으뜸이요, 어른이라고 해서 만물의 영장이라고도 하고, 생각하는 동물이라고도 합니다. 그러나 참으로 아이러니하게도 인간은 어디서 왔다가 어떻게 살다가 어디로 가는지에 대하여 분명하게 아는 사람은 많지 않습니다.

인생의 목적을 모르고 살아가는 사람들은 더 높은 바벨탑을 쌓으려고 치열하게 경쟁하며 살아갑니다. 그러나 아무리 높은 바벨탑을 쌓고, 아무리 많은 것을 소유하였다 할지라도 인생의 목적을 모른다면, 계속해서 방황하는 삶을 살 수밖에 없습니다.

인간은 누구나 평안과 기쁨과 행복을 추구하며 살아가지만, 그것을 얻으며 살아가는 사람은 별로 없습니다. 왜냐면 진정한 평안과 기쁨과 행복은 창조주이시며, 영원한 생명의 근원이신 예수그리스도를 만날 때 얻을 수 있기 때문입니다. 결국 인생의 방황은 길이요 진리요 생명이신 예수님을 만날 때 끝이 나는 것입니다.

이 책의 저자는 하나님을 전혀 알지 못하고 살아가던 중 하나님께서 찾아오셔서, 죄에 대하여, 의에 대하여, 심판에 대하여 알려주셨기에 모든 것을 내려놓고 하나님께서 심으신 곳에서 하나님이 기뻐하는 삶을 살아가고 있는 것을 볼 수가 있습니다.

사람들은 크고 강하고 화려한 것을 좋아합니다. 그러나 저자는 하나님이 원하시는 작고 약하고 초라한 곳에서 묵묵히 헌신하고 있습니다. 이 책을 통해서 볼 때, 하나님은 작고 약하고 초라한 곳에서도 하나님이 친히 일하심을 보여주고 계신 것을 볼 수가 있습니다.

이 책은 우리가 어떤 인생을 살아야 되는지, 누구를 붙잡고 살아야 하는지에 대하여 정확히 알려주는 참으로 귀한 책입니다. 이 책을 통하여 우리는 보통사람을 특별한 사람으로 만들어 가시는 하나님의 놀라운 사랑의 손길을 엿볼 수 있습니다.

이 책을 접하는 독자들은 전능하신 하나님께서 다양하게 역사하시는 내용을 보면서 살아계신 하나님을 만나는 계기가 되기를 소망합니다. 또한 교회를 다녀도 성경 말씀이 온전히 믿어지지 않는 교인들은 믿음이 크게 자라가는 신앙입문서가 되기를 바랍니다.

이 책을 통하여 예수그리스도의 푸른 계절이 속히 오기를 기대하며 믿음이 더욱 깊이 바르게 온전히 자라가는 역사가 일어나기를 소망합니다.

- 대전 중문교회 장경동 목사(침례신학대학교 겸임교수)

영혼을 사랑하는
뜨거운 마음을 가진 분이기에...

김일묵 목사님은 영명 교회에서 3년 정도 사역을 하신 분으로 이분이 사역을 하는 동안 담임목사지만 많은 도전과 감동과 충격을 받았다. 오죽하면 집사람이 "저분을 찌르면 하나님 말만 하실 분이다"라고 표현을 했겠는가? 늘 하나님과 동행하며 하나님의 음성을 듣기 위해 하나님을 찾고 갈망한 분이시다.

책에도 기록되어 있지만, 사역하실 때 토요일마다 전도에 앞장서셨고 그것으로 인해 우리 교회는 지금도 토요일 전도를 나갈 때마다 김일묵 목사님이 닦아 놓은 길을 가고 있으니 그만큼 교회에 많은 도전과 신앙의 본이 되신 분이라는 사실은 말할 나위가 없다.

전도는 하나님께 받은 사명과 동시에 영혼을 사랑하는 마음이 부어져야지···. 지속적으로 하기 힘든 일이다. 그런데 김 목사님은 평소에 하나님과 친밀한 사귐과 교통이 있었고 위로부터 부어주시는 성령의 강력한 은혜와 사랑으로 사역도 하셨고 전도에 앞장서신 분이시다.

만일 위로부터 사랑을 공급받지 못했으면 수평적으로 사람들을 이끌 수 없다. 그런 점에서 지속적으로 영혼 구원을 향한 목마름과 영혼을 사랑하는 뜨거운 마음을 가진 분이기에 이 책에서 기록한 주관적인 사건마저도 더 풍성히 표현되어야 할 만큼 하나님과의 사귐의 은혜 속에서 사신 분이다.

사실 담임하고 있는 목사보다 부교역자들이 더 탁월하기란 쉽지 않다. 그런데 김일묵 목사님은 영성이나 인격적으로나 목사보다 훨씬 앞선 사람이라 앞으로 하나님이 어떻게 이끄실지 기대를 하고 있었는데 이렇게 좋은 책을 발간하게 되어 개인적으로 기쁨이 크다.

한번은 이런 일이 있었다. 서정교회에서 사역한 지 2년 정도 되었을 때 김일묵 목사님과 사모님이 찾아오셨다. 사역에 관해 이런저런 말씀을 나누는 중에 봉투를 전달하셨다. "이게 뭐냐?"고 물어보니 서정교회에서 드리는 헌금이라는 것이다. 그 봉투에는 2천만 원이 들어있었다. 참으로 난감한 일이 아닐 수 없었다.
모 교회의 역할을 하는 교회가 지 교회로부터 후원을 받는 것이 쉽게 이해되는 일은 아니었다. 안디옥교회에서 예루살렘교회에 구제한 것과 비슷한 사건이 발생한 것이다. 김 목사님은 기도하고 응답을 통해 행하시는 분이시기에 받았다. 그리고 그때는 교회 형편이 넉넉한 편이 아니었기에 하나님의 손길이라 생각하고 받았지만, 지금도 그 일을 생각하면 가슴이 뭉클하다.

작은 시골교회에서 도시의 교회에 하나님의 음성을 실천할 수 있다는 것은 믿음의 사람이 아니면 할 수 없는 일이 아닌가?

지금 이 말씀을 드리는 이유는 서정교회의 헌금으로 인해 영명 교회가 재정적으로 여유 있게 되었기 때문이다. 이런 일은 김일묵 목사님은 모르고 계시는데, 목사님의 신앙의 발자취가 자신도 모르는 큰 은혜와 하나님의 일하심에 놀라운 역사가 있고, 이런 역사는 목사님의 사역을 통해 계속 일어날 것으로 믿는다.

이 책은 김일묵 목사님의 신앙 간증이 들어있는 훌륭한 책이다. 감히 훌륭한 책이라고 말할 수 있는 이유는, 내가 그분의 삶을 증명할 수 있는 한 사람이기 때문이다. 이 책을 통해 많은 사람들이 하나님을 만나며 하나님의 역사를 체험하는 복된 은혜가 있음을 믿고 이 책의 출간을 함께 기뻐한다.

– 영명침례교회 하영종 목사(목회학 박사)

목차

1장

하나님이 살아계신데 내가 왜 그 사실을 부인하지?

부기관사가 되다

어렸을 때는 하나님에 대하여 전혀 알지 못하고 자랐다.

우리 집안은 대대로 불교 문화권에서 유교를 믿으며 살았다. 나 역시 하나님께서 찾아오시기 전에 예배를 드리기 위해 교회에 가본 적은 한 번도 없었다.

다만 초등학교 입학 전 "교회에서 과자를 준다"라는 말에 의미도 모르는 "탄일종이 땡땡땡~"을 부르며 친구들과 함께 두어 번 시골교회를 찾아가 교회 밖에서 과자를 얻어먹고 온 기억이 전부다. 그리고 군대 말년에 외출을 나가고 싶은 마음에 군대 옆 교회에 몇 번 가서 졸다가 온 것이 전부다.

나는 충남 연기군 동면 문주리 152번지에서 7남매의 넷째로 태어났다. 내 고향은 작은 농촌 마을이었지만 집 앞에는 작은 제방과 넓은 들판이 보이고 우측 2km에는 경부선 열차가 지나가는 것이 보여 답답하지 않았다.

어린 시절 우리 집은 무척 가난했다.
얼마나 가난했으면 내 위의 누님 두 분과 형님은 초등학교 졸업 후 중학교 진학을 포기할 정도였다. 하지만 나는 부모님의 사랑을 받으며 나름대로 행복한 시절을 보냈다.

나는 우리 집안에서 처음으로 중학교에 입학했다.
부모님은 내가 중학교에 다니는 것은 남의 집 자녀가 대학에 다니는 것만큼 힘이 드는 일이라고 말씀하셨다.

조치원 중학교에 입학시험을 보러 갔던 날이었다.
집안에 시계가 없어서 새벽에 일어나 어머니께서 일찍 차려 주신 밥을 먹고, 아버지와 함께 내판역에 가서 오랜 시간을 기다렸다가 새벽 열차를 타고 조치원에 가서 시험을 치렀다.

점심시간이 되자 아버지께서 교문 밖에 임시로 만들어 놓은 천막 식당에서 국밥 한 그릇을 사 주셨다. 태어나서 처음으로 맛보는 국밥이 너무도 맛있어 정신없이 숟가락질은 하는데 아버지께서는 점심을 드시지 않았다.
"아버지, 왜 점심 안 드세요?"
"나는 벌써 먹었다. 어서 먹어라."
어린 나이였지만 아버지가 돈이 없어서 국밥을 한 그릇만 시킨 거라는 걸 눈치챌 수 있었다.
요즘 유행하는 노래「막걸리 한 잔」을 들으면 그날의 아버지가 떠올라 눈가에 이슬이 맺히곤 한다.

내가 살고 있던 연기군 동면에서 조치원까지는 열차로 한 정거장 거리였기에 나는 중학교 3년 내내 열차로 통학을 했다. 초등학교에 다닐 때는 공부보다 친구들과 자연을 벗 삼아 뛰어노는데 정신을 팔았다. 그런데 중학교에 들어가자 새로운 과목들이 많아 공부에 재미를 느꼈다. 특히 영어가 가장 재미있었다. 중학교에 입학하고 첫 중간고사를 치렀는데 성적이 상위권이었다. 공부에 대한 확실한 동기부여가 된 것이다.

중학교 2학년 때는 반에서 1등을 하고 반장으로 선출됐다. 그런데 문제가 발생했다.

그때까지 나는 많은 사람 앞에 서는 것을 두려워하는 대인공포증을 갖고 있었기 때문이다.

수업시간에 선생님께서 질문만 해도 얼굴이 빨개지는 증세가 있었다. 반장으로서 조회 시간은 물론이고 전달 사항이 있을 때는 반 친구들 앞에서 당당하게 말을 해야 하는데 그것이 너무나 어려웠다. 친구들도 내가 그 정도인 줄은 모르고 뽑았던 것이다. 이 병은 나중에 예수님을 만나고 나서 자연스럽게 치료되었다.

시간이 흘러 중학교 졸업을 눈앞에 뒀지만 고등학교에 입학할 형편이 아니었다. 나는 등록금을 내지 않는 고등학교를 찾아보았고 마침 친구로부터 "서울에 국립 철도고등학교가 있는데 등록금을 내지 않는다"라는 말을 들었다. 그리고 입학이 쉽지 않아 내가 다니던 중학교에서는 1년 전 학생회장을 한 선배만이 그 학교에 입학했다는 정보를 알려주었다.

나에게는 다른 길이 없었다.

국립 철도고등학교 시험을 앞둔 나는 서울에서 고등학교를 다니며 자취를 하는 6촌 형 집에서 신세를 지며 시험을 준비했다. 그런데 집에서 서울까지의 왕복 교통비 마련이 쉽지 않았다. 그때 생각지 않게 주간 여성이라는 잡지의 퀴즈를 맞추고 상금 2,500원을 받아 그 돈으로 경비를 썼다. 뭔가 좋은 기운이 느껴졌다.

당시의 나는 철도고등학교에 합격하면 고등학생이 되는 것이었지만 불합격하면 공장에 취직해야 하는 상황이었다.

다행히 나는 합격을 해 꿈에 그리던 고등학생이 되었다.

내가 입학한 국립 철도고등학교는 조건이 상당히 좋았다. 등록금뿐 아니라 교복과 책도 무료였고 졸업 후에는 9급 기능직 공무원으로 철도청에 취업이 되는 그야말로 파격적인 조건이었다. 학교에 들어가는 경비는 없었지만, 고등학교 3년 동안 지낼 집과 생활비가 문제였다.

나는 서울 영등포구 오류동의 산동네에 방을 하나 얻어 친구와 3년 동안 자취를 했다. 하교 후에는 노량진 숭실대학교 근처에서 신문을 배달해 생활비를 벌었다. 그런데 당시만 해도 대문의 문패가 대부분 한문으로 되어 있어 제대로 읽을 수가 없었다.

사람 이름에 쓰이는 한자는 어려운 한자가 많이 포함

되어 있었다. 나는 할 수 없이 1800자 한자책을 사서 한자 공부를 했다. 내가 중학교 1학년 때 정부의 한글전용 정책에 의해 정규학교에서 한자를 가르치지 않았기 때문에 나는 한자에 몹시 약했다.

한자 공부를 시작한 지 6개월이 지나자 막힘 없이 신문을 읽게 되었다. 그래서 문패에 나오는 한자도 어지간한 것은 다 읽을 수 있었다.

어느 날 신문 배달 후 노량진역에서 열차를 기다리며 신문을 펼쳐서 보고 있는데, 내 또래의 고등학생 두 명이 "요즘 고등학생이 신문을 읽을 줄 아나?"라며 비아냥거렸다. 나는 "하나도 막히지 않고 신문을 읽을 수가 있다"라고 속으로만 말했다.

나는 고등학교 3년 동안 철도 전공과목 외의 일반과목은 거의 공부를 하지 않았다. 왜냐면 절대로 대학에 진학할 수 없다고 생각했기에 국어, 영어, 수학 같은 일반과목은 거의 손을 대지 않았다.

나에게 고등학교 3년은 그야말로 생존의 시간이었다. 집안이 어려우니까 대학 진학은 생각도 못 했다. 때문에 공부를 열심히 하지는 않았다. 졸업 전에 철도청에서 공무원 채용시험을 보기에 시험에 합격하기 위해 전공과목만 공부를 했다. 그러니 당연히 고등학교 성적은 최하위 수준이었다.

이렇게 힘들게 고등학교를 졸업했고 동시에 9급 공무원 임용장을 받았다. 18세의 어린 나이에 공무원이 된 것이다. 나는 대전지방철도청 대전기관차사무소 부기관사(당시는 기관조사)로 발령이 났다. 대전에서도 친구와 자취를 하면서 근무를 했다.

그곳에서 교육을 받고 견습 신분으로 처음 기관차를 타는 날이었다. 당시는 1974년으로 유류파동이 나면서 기름값이 폭등했다. 이에 대전역 구내에서 입환(차량을 편성하는 작업)하는 기관차가 디젤기관차에서 증기기관차로 갑자기 바뀌었다.

증기기관차는 조개탄으로 기관차의 화력을 일정 수준으로 올린 후 운행해야 했다. 운행이 고되고 숙련된 기술이 필요해 서로 기피하는 일이었기에 결국 이제 막 발령을 받은 초보자들이 그 기관차를 담당하게 되었다.

나에게 처음으로 주어진 임무는 자정부터 아침 8시까지 운행하는 기관차를 타는 것이었다. 야간에 운행하는 기관차 승무원은 낮에 충분히 수면을 취해야 했지만 나는 처음이라 잠도 제대로 자지 못한 상태에서 견습 부기관사로 기관차를 탔다. 밤새 힘든 노동을 하고 아침에 얼굴이 까만 채로 기관차에서 내려오는데 "이건 아닌데…"라는 생각이 뇌리를 스쳤다.

첫 임무 후 나는 인생 궤도를 수정해야겠다는 생각을 했다. 그때까지는 집안이 너무 가난하니까 빨리 졸업해서 평생 기관사로 근무하며 동생들 학비를 지원해 주고, 집안을 좀 일으켜야겠다고 생각하며 살았다. 그렇게 고등학교 3년 동안 생각하고 계획한 것이 하룻밤의 야간근무로 한순간에 사라져 버렸다.

신문 배달을 하고 자취를 하며 고등학교에 다닐 때 '나는 집안이 어려워서 대학에 가지 못한다'라는 자조적인 생각을 많이 했다. 그럴 때마다 가난이 죄라고 생각했다. 비가 오는 날이면 나는 비를 쫄딱 맞으면서도 신문은 젖지 않도록 비닐로 싸서 배달하면서 '내 아이들에게는 절대로 가난을 물려주지 않겠다'라고 다짐했다. 그리고 내가 성공한 후 여유로운 모습으로 신문 배달을 하던 이 길을 다시 한번 걷겠다고 생각했다. 그러나 처음으로 탄 증기기관차에서의 고된 환경이 기관사로서의 내 꿈을 완전히 앗아가 버렸다.

또한 천성적으로 인문학적 성향이 강한 내가 평생 기

계를 만지며 살아야 한다는 것도 쉬운 일이 아니었다. 근무시간이 일정하지 않다는 것도 기관사라는 직업을 그만두게 한 큰 이유 중 하나였다. 기관사라는 직업이 어떤 사람에게는 매력적일지 몰라도 내게는 영 맞지 않는 것 같았다.

다른 직업을 선택해야겠다는 생각이 들자 고민이 시작되었다. 그러나 고등학교 3년 동안 공부를 하지 않은 것이 발목을 잡았다. '이럴 줄 알았으면 국어, 영어, 수학 같은 일반과목도 열심히 공부했어야 하는데…'라고 후회했지만 이미 때는 늦은 후였다.

당시 누군가 내게 "지금 일반과목을 열심히 공부하면 앞으로의 인생에 많은 도움이 되고 언젠가는 대학에 진학할 기회가 올 수도 있다"라는 이야기를 해주었다면 얼마나 좋았을까?…라는 생각을 지금도 가끔 할 때가 있다.

그때 나는 '그 시간에 해야 할 것을 하지 않으면 다음에 몇 배로 고생하게 된다'는 진리를 깨닫게 되었다.

7급 행정직 공무원 시험에 합격하다

부기관사로 근무를 하면서 진로에 대한 고민으로 잠을 설치는 날이 많았다. 그러던 어느 날 신문에 게재된 9급 검찰사무직 공무원 시험에 대한 공고를 보았다.

시험과목을 살펴본 나는 '한 번 해볼 만하다'는 생각이 들었다. 당장 시험에 필요한 책을 샀다. 근무를 하며 혼자 열심히 공부를 했지만 국어, 영어, 사회 같은 일반과목에 대한 기초가 너무 부족했고 형법, 형사소송법 등의 과목도 공부시간이 절대적으로 부족했다.

부기관사로 근무하며 9급 검찰사무직 시험을 한 번 보고 나자 군입영 통지서가 도착했다. 나는 철도청에 근무한 지 2년여 만에 군대에 입대했다.

1976년 6월 2일 논산훈련소로 향하면서도 공부를 하지 않은 것이 너무 후회되어 호주머니에 영어 단어장을 넣고 갔다. 그러나 군대라는 곳이 공부를 할 수 있는 곳이 아니라는 것을 금세 깨닫게 되었다.

군대에서의 3년은 행복한 시간이었다.

나는 강원도 양구에 있는 2사단 31연대 2대대 본부에서 교환병으로 근무했다. 그 후 대대장 당번병이 전역하자 나는 한동안 당번병으로 생활하게 되었다.

당번병을 하니 선임병들의 괴롭힘이 사라졌다. 또한 군입대 전까지 먹은 음식보다 군대 3년 동안 먹은 음식이 더 맛있고 잘 먹어서 나는 평생 처음으로 살이 쪘다. 누군가에겐 기억하고 싶지 않은 군 생활이 내게는 참으로 감사한 시간이었다. 나는 만기전역 후 곧바로 대전기관차사무소로 복직했다.

　내가 군대에 있는 동안 집안 형편은 훨씬 더 나빠졌다. 두 동생이 고등학교와 중학교에 다니고 있었기 때문에 경제적으로 많이 힘들었다.
　직장에 복직한 후에는 디젤기관차를 타고 근무를 했다. 나는 월급을 받으면 아버지에게 전액을 드리고 최소한의 용돈을 받아 생활했다. 내 삶은 점점 팍팍하고 힘들었다.

　그때 한 가지 생각이 떠올랐다. 내가 말년 휴가를 나왔을 때 새로 생긴 7급 행정직 시험에 관한 내용을 신문에서 읽은 적이 있었다. 나는 고심 끝에 7급 행정직 시험에 도전하기로 마음을 먹었다.

　나는 주야로 기관차를 타면서 열심히 공부했다.
　그러나 시험과목이 윤리를 포함해서 8과목이나 되고 일반과목에 대한 기초가 부족한 상태였기 때문에 쉽지 않은 도전이었다. 그러나 철도청에서 나오고 싶다는 일념으로 공부에 전념했다. 시험과목 중 헌법, 행정법, 행정학 같은 과목이 있는데 한자가 꽤 많이 섞여 있었다.
　그러나 신문 배달할 때 공부해 놓은 한자 실력 덕분에

어렵지 않게 책을 읽을 수 있었다. 영어는 많이 잊어버린 상태였기에 성문종합영어 단어집을 사서 전체를 외웠다. 시간이 너무 없어서 영어단어는 걸어 다니며 외우거나 자투리 시간을 활용했다.

공부할 시간이 절대적으로 부족했던 나는 대기실 반을 자청해 6개월 동안 야간조 승무원들을 깨워주고, 직원용 화장실 청소를 하면서 공부했다. 그때의 6개월이 내게는 금쪽같은 시간이었다. 그때 실력이 일취월장했다.

군을 제대하고 1년 후에 치른 시험에서 나는 충청남도 지방직 7급 행정직과 법무부에서 시행하는 출입국관리직에 동시에 합격했다.

함께 일하던 고향 선배가 "김일묵, 너 7급 시험에 일등으로 합격했더라"라며 큰 소리로 기관차사무소에서 축하해 주었다. 아마도 고향 선배는 충남도청 게시판에 붙은 합격자 명단을 본 모양이었다. 내가 일등을 한 것이 아니었다. 내 수험번호는 62번이었는데, 내 앞의 61명의 수험생이 다 떨어지는 바람에 내 이름이 첫 번째로 적힌 것을 보고 내가 1등인 것으로 착각한 것이었다.

1981년 2월 1일, 충남 예산군 광시면사무소로 발령이 나서 재무계 차석으로 근무하게 되었다. 면사무소에서 근무하며 초등학교 1년 후배인 지금의 아내와 결혼하고 첫아들을 낳았다. 그리고 1년 전 불합격했던 국가직 7급 행정직 시험에 재도전해 합격했다. 아마도 마음이 편한 상태에서 시험을 치르니 정답이 잘 보였던 것 같다.

면사무소에 근무한 지 1년 후에 문교부(현재 교육인적 자원부) 산하 국립 서울맹학교 서무과로 발령이 났다.

고등학교 졸업 10년 만에 야간대학에 입학하다

근무를 하던 중 새로운 소식을 들었다.

나와 함께 합격한 사람 중 성균관대학교를 졸업한 사람은 문교부 본부로 발령이 났다는 것이다. 나는 최종 학력이 고졸이었기에 본부로 발령이 나지 않고 산하기관으로 발령이 났다는 사실을 알게 되자 정신이 번쩍 들었다.

곧바로 대학수학능력시험을 준비해 단국대학교 행정학과 야간에 입학했다. 고등학교를 졸업하고 무려 10년 만의 일이었다.

나는 집안이 너무 어려워 절대로 대학에 진학할 수 없을 줄 알았는데 내게도 대학의 문이 열린 것이다. 사람을 실력으로만 평가하는 것이 아니라 대학 졸업장을 요구하는 세상이 내 마음을 힘들게 했지만 그때부터 긴 주경야독의 시간이 시작되었다.

하나님이 찾아오시다

32살이었을 때, 나는 야간대학 4학년이었다.

당시의 나는 오직 돈 많이 벌고 출세하는 것이 인생의 목표였다. 그동안 고생한 삶을 보상받기라도 하려는 듯 출세에 대한 욕망이 컸다.

1986년 8월 여름 방학 기간이었다.

국립 서울맹학교 서무과에 같이 근무하던 이순옥이라고 하는 여직원이 내게 이상한 말을 했다.

"김 선생님, 제가 간증 하나 할까요?"

"간증이 뭔데?"

"교회 다니는 사람들이 하나님 만난 이야기예요."

"그래, 한 번 해봐."

처음부터 관심이 없던 나는 그 직원의 말을 아무 생각 없이 듣기 시작했다. 그런데 그 직원의 말을 듣던 중 내게 이상한 변화가 일어났다. 갑자기 마음이 뜨거워지더니 눈에서 눈물이 줄줄 흘러내렸다. 입에서는 생각지도 않은 말이 흘러나왔다.

**"하나님이 살아계신 데 내가 왜 그 사실을 부인하고 있지?
나 오늘부터 교회 다녀야지."**

내 의지와 상관없이 이상한 말이 흘러나왔다.

평상시에 한 번도 생각하지 않은 말이 저절로 나온 것
이다. 나는 너무나 당황해 "내가 왜 이런 말을 하지"라며
놀라서 혼잣말로 중얼거렸다.

그때 갑자기 내 머릿속에서 놀라운 일이 벌어졌다.

슬라이드 장면이 넘어가는 것처럼 흑백 장면 수십 개
가 내 머릿속에서 착착 넘어갔다. 그 장면들은 32년 동안
내가 지은 모든 죄를 보여주는 것이었다. 온갖 나쁜 짓과
악한 짓 한 것 등 여러 장면들이 연속해서 넘어가는 것을
보며 내 입에서는 또 다른 말이 저절로 나왔다.

"저것들은 죄다. 다시는 저런 짓 하지 말아야지."

스스로 죄라는 것을 인정하고, 다시는 저런 죄를 지으
면 안 된다고 다짐하는 말이 내 의지와 상관없이 흘러나
왔다.

나는 너무 놀랐다.

"이게 뭐지? 나에게 왜 이런 일이 벌어지지?"

내가 손수건으로 눈물을 닦자 간증을 하던 여직원이
깜짝 놀라 "왜 그러냐?"라고 물었다.

그 직원은 전도를 위해 간증한 것이 아니었는데 내가 갑자기 눈물을 흘리자 매우 놀란 표정이었다. 그러나 그 직원은 내 입에서 저절로 나온 말과 하나님께서 내 머릿속에 보여주셨던 장면들에 대해서는 전혀 알지 못했다.

나는 마음을 가라앉히고 생각했다.
"지금 내게 하나님이라는 분이 찾아온 것이 틀림없구나. 이런 놀라운 체험을 주신 분이 기독교에서 말하는 하나님이라는 분 같은데, 이 기적을 무시할 수는 없고 어떻게 하면 되지?"

그때 나는 너무나 생생하게 임한 그 놀라운 기적을 무시하고 살아서는 안 될 것 같은 생각에 스스로 "그래, 앞으로 6개월 동안만 교회라고 하는 곳에 가봐야겠다. 그래서 하나님이라는 분이 정말 계시면 믿고, 그렇지 않으면 다니지 말아야지"라고 결단했다.

그날 퇴근해 집에 돌아오자마자 아내에게 큰소리로 외쳤다.
"여보, 나 오늘부터 교회 다닐 거야."
세상에…, 어떻게 내게 이런 일이 일어날 수 있단 말인가? 나는 그동안 교회에 다녀 본 적도 없고, 하나님의 '하'자도 모르는데…. 그리고 평상시에도 교회는 다니지 않을 거라고 생각했는데….

교회에 가지 않으려는 주된 이유는 주일성수, 십일조, 제사 문제 등이 나를 너무나 옭아맨다고 생각했기 때문이다.

그 주부터 아내하고 교회에 나가기 시작했다.

아내는 2년 전부터 어느 교회에 나가고 있었기에 첫 주는 그 교회에 갔다. 교회에 나간 후 교회 구역 식구들이 나를 위해 열심히 기도해 준 것을 알게 되었다.

지금도 정확히 기억이 난다. 토요일 오후 우리 집에서 가끔 구역예배를 드렸는데 그럴 때면 나는 옆방에서 예배가 끝날 때까지 기다렸다. 기도 중간에 "시형이 아빠도 예수님 믿고 구원받게 해주세요"라는 통성 기도 소리가 내 귀에도 정확히 들렸다. 그러면 나는 "웃기지 마세요. 당신들이 아무리 그래도 나는 절대 교회에는 안가?"라고 코웃음을 치곤 했다.

문화촌 동성교회에 등록하다

아내와 함께 나간 첫 주는 교회의 엄청난 인파에 놀랐다. 그런데 어린 두 자녀를 데리고 홍제동에서 여의도까지 계속 다니는 것은 힘든 일이었다. 그래서 집 근처의

한 교회에 출석해 등록을 했다. 나중에 알고 보니 내가 등록한 교회는 장로교회(합동 측)였는데, 문화촌 동성교회였다.

  등록 후 교회에 열심히 출석했다.

  교회에 나가기 전에 이미 하나님께서 직접 찾아오셔서 하나님이 정말로 살아계시다는 것을 보여주셨기에 나는 하나님의 존재에 대해서 전혀 의심하지 않고 열심히 참석했다.

  목사님께서 설교하시면 마치 스펀지가 물을 빨아들이듯이 말씀이 내 심령에 와서 잘 박힌 못처럼 박혔다.

  믿음이 쑥쑥 자라는 것이 보였다.

  그리고 하나님의 다양하고 놀라운 역사하심에 대해서도 엄청나게 놀라는 시간이었다.

1. 하나님은 우리 각자에게 찾아오십니다.

하나님께서 나에게 찾아오신 것처럼 하나님은 우리 각자에게 찾아오십니다. 찾아오시는 방법은 두 가지가 있는데 소나기로 찾아오실 때도 있고, 이슬비로 찾아오실 때도 있습니다. 나에게는 소나기로 찾아오셨습니다. 그러나 거의 대부분의 사람들에게는 이슬비로 찾아오십니다.

소나기로 찾아오시는 경우는 '하나님께서 그 사람을 급히 사용하실 계획이 있거나, 특별한 목적을 위해서 사용하시기 위해서 급하게 소나기의 은혜를 주시는 것이 아닐까?'라는 생각을 해 봅니다.

그러나 소나기를 맞아도 옷이 젖고, 이슬비를 맞아도 옷이 젖듯이 하나님께서 우리에게 찾아오시는 방법은 그렇게 중요한 것이 아닙니다. 우리 옷이 얼마나 젖느냐가 중요한 것입니다.

하나님은 우리 주위에 많은 전도자들을 허락하셨습니다. 전도하는 사람들이 주는 전도지 한 장이 그리고 "예수 믿고 구원받으세요"라는 복음이 바로 당신을 하나님께서 초청하시는 것입니다. 그 초청에 당신은 어떻게 반응을 하고 계시나요?

하나님은 우리를 구원하시기 위하여 찾아오셨습니다.

성경에 아주 유명한 구절이 있습니다. 이 구절은 너무 유명해서 교회에 다니는 사람들은 모두 암송을 하고 있습니다. 요한복음 3장 16절입니다.

"하나님이 세상을 이처럼 사랑하사 독생자를 주셨으니 이는 저를 믿는 자마다 멸망하지 않고, 영생을 얻게 하려 하심이라"

누구든지 하나님의 아들 예수님을 구주와 그리스도로 믿기만 하면 영원한 생명을 얻을 수가 있습니다. 이것이 바로 복음, 즉 죽었던 영혼을 살려 영원한 생명으로 이끌어가는 세상에서 가장 기쁜 소식입니다. 그래서 전도자들은 이 진리를 알려주기 위해 욕을 먹으면서도 복음을 전하는 것입니다.

2. 기독교에서 믿는 하나님은 누구십니까?

기독교에서 말하는 하나님은 세상에서 말하는 그런 하느님이 아닙니다. 기독교에서 말하는 하나님은 삼위일체(三位一體) 하나님을 말하는데, 삼위일체 하나님을 이해하는 것은 매우 어렵습니다.

삼위일체 하나님은 한 분이시지만, 또한 세 위격(인격)으로 계십니다. 삼위일체 하나님은 한 분 하나님이시지만, 성부하나님, 성자하나님, 성령하나님으로 계신 것을 말합니다. 삼위일체 하나님은 하나의 본질이면서 세 위격(位格, 실체라고도 함, One in three, three in one)으로 계십니다. 하나님은 창세 전부터 성부와 성자와 성령으로 존재하셨습니다. 삼위일체는 서로 나뉠 수 없는 일치를 이루며 항상 일치하여 역사합니다.

어거스틴은 삼위일체론을 나무로 비유해서 하나의 나무는 뿌리-줄기-가지를 가지고 있어 각자 하는 역할은 다르다고 하였고 또 인간으로 비유해서 하나의 마음 안에는 지-정-의 가 있고, 각자 하는 역할은 다르지만 한 사람의 인격 그리고 한 그루의 나무 안에 있는 세 요소라고 설명하고 있습니다. 하나님은 한 분이시지만, 성부하나님은 우리의 구원을 계획 하셨고, 성자하나님은 우리의 구원을 실행하셨고, 성령하나 님은 우리의 구원을 적용하여 완성하시는 분이십니다.

(1) 성부 하나님은 누구십니까?

하나님은 누가 창조한 분이 아니고 스스로 계신 분이시며 우주 만물과 인간을 창조하신 창조주이십니다. 하나님은 모 든 것을 아시고 모든 것을 하실 수 있는 전지전능(全知全能) 하신 분이시고 영으로 계시며 인격을 갖고 계십니다.

"태초에 하나님이 천지를 창조하시니라"(창세기 1장 1절)

"하나님이 모세에게 이르시되 나는 스스로 있는 자이니라 또 이 르시되 이스라엘 자손에게 이같이 이르기를 스스로 있는 자가 나 를 너희에게 보내셨다 하라"(출애굽기 3장 14절)

또한 하나님은 우리의 심판주이십니다. 인간은 한번은 반드시 죽습니다. 그 후에는 반드시 하나님의 심판대 앞에 서게 됩니다.

"한번 죽는 것은 사람에게 정해진 것이요 그 후에는 심판이 있으리니"(히브리서 9장 27절)

(2) 성자 하나님(예수그리스도)은 누구십니까?

예수님은 자신을 인자(人子)라고 하셨는데, 그렇게 말씀하신 이유는 예수님은 인간을 죄로부터 구원하시기 위해서 참 인간과 참 하나님으로 오셨다는 뜻입니다. 그리스도라는 뜻은 기름 부음을 받은 자라는 뜻인데, 구약시대에 기름 부음을 받은 세 직분은 왕과 선지자와 제사장인데, 예수님은 이 세 직분을 감당하시기 위하여 이 땅에 오셨습니다.

예수님은 하나님의 아들 성자하나님으로서, 인간의 모든 죄를 대신 짊어지시고 십자가에서 죽어주셨으며, 죽으시고 제3일에 부활하셨습니다. 그렇기 때문에 온 인류의 구원을 위해 십자가에 못 박혀 피 흘려 죽으시고 제3일에 부활하신 예수님을 믿지 않고는 그 누구도 구원을 얻을 수가 없습니다.

"예수께서 이르시되 나는 부활이요 생명이니 나를 믿는 자는 죽어도 살겠고, 무릇 살아서 나를 믿는 자는 영원히 죽지 아니하리니 이것을 네가 믿느냐 이르되 주여 그러하외다 주는 그리스도시오 살아계신 하나님의 아들이신 줄을 내가 믿나이다"(요한복음

11장 25절-27절)

"네가 만일 네 입으로 예수를 주로 시인하며 또 하나님께서 그를 죽은 자 가운데서 살리신 것을 네 마음에 믿으면 구원을 받으리라. 사람이 마음으로 믿어 의에 이르고 입으로 시인하여 구원에 이르느니라"(로마서 10장 9절-10절)

(3) 성령하나님은 누구십니까?

성령님은 삼위일체 중에서 제3의 인격이십니다. 1위는 아버지 하나님이시고, 2위는 아들이신 하나님이시며, 3위는 성령이신 하나님이십니다. 성령은 히브리어로 "루아흐"라고 하며, 헬라어로는 "퓨뉴마"라고 하는데, 바람, 호흡, 신, 영이라는 뜻을 갖고 있습니다. 성령하나님은 하나님의 영이시기에, 어디에나 계시고, 모든 것을 아시고, 모든 것을 행하실 수 있습니다.

성령님은 별명을 갖고 계신데 '보혜사(保惠師)'라고도 부릅니다. 보혜사는 헬라어로 '파라클레토스'라고 하는데, 성도들 옆에서 함께 계시면서 보호해주시고, 은혜를 베풀어주시고, 스승처럼 앞길을 인도해 주시는 하나님의 영이십니다.

3. 죄는 무엇입니까?

하나님은 인류 최초의 조상인 아담과 하와를 창조하신 다음에 가장 완벽한 장소인 에덴동산에서 살 수 있도록 허락하셨습니다. 그러나 조건이 하나 있었습니다. 아담과 하와가 에덴동산에 있는 모든 과실을 따 먹어도 되지만, 동산 중앙에 있는 선악을 알게 하는 나무의 열매는 절대로 따 먹지 말라는 것이었습니다. 이 선악과를 따 먹으면 반드시 죽는다고 하셨습니다.

그렇게 하신 이유는 인간이 정말로 기쁜 마음으로 하나님의 말씀에 순종하는지를 확인하고 싶으셨기 때문입니다. 또한 피조물인 인간이 창조주인 하나님의 절대주권을 기쁜 마음으로 인정하는가를 보고 싶으셨습니다. 그리고 누가 우리 인간의 왕인지? 하나님은 처음부터 하나님이 인간의 유일한 왕이라는 것을 알려주신 것입니다.

하나님께서는 인류 최초의 조상인 아담에게 선악과를 따 먹으면 반드시 죽는다고 하셨는데, 마귀(사탄)로 상징되는 뱀의 유혹에 의해, 절대로 손을 대서는 안 되는 선악과 열매를 따 먹고 말았습니다. 이렇게 하나님의 말씀을 어긴 것을 죄(罪)라고 합니다. 인간에게 죄가 들어온 것입니다.

죄는 헬라어로 "하마르티아"라고 하는데, 화살이 과녁을 빗나가는 것과 같이 어떤 목표에 미달된 것을 말합니다. 하나님은 처음부터 인간을 로봇처럼 만들지 않으셨습니다. 인간 스스로 선택할 수 있도록 선택의지를 주셨습니다. 그러나 인간은 자신의 선택의지로 죄를 선택하였습니다. 인간이 죄를 지은 결과로 하나님과 영적인 단절이 생기고, 영원한 죽음이 찾아오게 되었습니다.

인간에게 죄가 들어옴으로 인하여, 인간에게 죽음이 찾아왔고, 아담(남자)은 땀을 흘려야 먹고 살 수가 있게 되었으며, 하와(여자)는 임신하는 고통을 겪게 된 것입니다. 이 세상에서 가장 무섭고 큰 죄는 우리를 죄로부터 구원해주시기 위하여 하나님의 아들 성자하나님이 우리 죄를 대신 짊어지시고 죽어주셨는데, 그분을 믿지 않는 것입니다.

"죄에 대하여라 함은 그들이 나를 믿지 아니함이요"(요한복음 16장 9절)

우리가 끝내 예수님을 믿지 않으면 하나님과 원수가 되고, 하나님의 진노가 임하고, 심판을 받게 되며, 결국 영원한 사망에 들어가게 되는 영벌(永罰)을 받습니다. 하나님은 지금 당신의 마음의 문을 두드리고 계십니다. 당신의 마음의 문을 열고 길이요 진리요 생명이신 예수님을 영접하기 바랍니다.

"볼지어다 내가 문밖에 서서 두드리노니 누구든지 내 음성을 듣고 문을 열면 내가 그에게로 들어가 그와 더불어 먹고 그는 나와 더불어 먹으리라"(요한계시록 3장 20절)

"예수께서 이르시되 내가 곧 길이요 진리요 생명이니 나로 말미암지 않고는 아버지께로 올 자가 없느니라"(요한복음 14장 6절)

십자가

쫓아오던 햇빛인데
지금 교회당 꼭대기
십자가에 걸렸습니다.

첨탑이 저리도 높은데
어떻게 올라갈 수 있을까요?

종소리도 들려오지 않는데
휘파람이나 불며 서성거리다가,
괴로웠던 사나이,
행복한 예수 그리스도에게처럼
십자가가 허락된다면

모가지를 드리우고
꽃처럼 피어나는 피를
어두워가는 하늘 밑에
조용히 흘리겠습니다.

– 윤동주 –

2장

다시는 죄를 범하지 마라

죄지은 것을 공개적으로 알려주신 하나님

교회를 나간 지 1년이 조금 지난 후에 사탄(마귀)이 나를 공격해 왔다. 32년 동안 내 마음대로, 내 뜻대로 살아온 삶이었기에 교회를 다녀도 죄에 대하여 완전히 단절하지 못한 상태였다.

어느 날 십계명을 위배하는 죄를 짓고 교회에 나가게 되었다. 내가 다니던 교회는 성도가 5백여 명이 넘는 비교적 큰 교회였다. 나는 당시에 죄를 짓기는 하였지만 어떻게 해야 죄가 없어지는지 알지 못했다.

1년 이상 교회를 다니면서도 회개를 어떻게 하는지에 대해서 교육받은 적이 없었다. 아내는 성가 대원이었기 때문에 나는 홀로 마음이 찜찜한 상태로 교회 2층에 앉아서 예배를 드렸다.

그런데 그날 김대복 담임목사께서 강대상에서 설교를 하는 중에 이상한 말씀을 하셨다. "이 자리에 앉아 있는 사람들 중에 지난주에 좋지 않은 죄를 지은 사람이 있는데 회개도 하지 않고 그냥 자리에 앉아 있는 사람이 있다"라고 하셨다.

그러면서 그 사람이 무슨 죄를 지었는지에 대해 자세하게 설명을 하시는데 바로 내가 지은 죄를 정확히 말씀하셨다. 나는 너무나 놀라 "목사님이 내가 몰래 지은 죄를 어떻게 알지? 귀신이 곡할 노릇이네"라고 혼잣말로 중얼거리며 얼굴이 붉으락푸르락해졌다.

나는 우리 목사님이 영이 맑다는 소리는 들었지만 성도가 지은 죄를 예배 시간에 공개적으로 지적하실 줄은 정말 몰랐다.

예배를 마친 후 목사님과 교회 앞에서 인사를 했는데 너무 창피해서 어떻게 악수를 했는지 기억도 나지 않았다. 그런데 진짜로 놀라운 일은 그다음에 벌어졌다.

집에서 찜찜한 마음으로 있다가 가슴이 답답해 바람이라도 쏘일 겸 잠깐 외출했다가 돌아왔다. 그 사이에 담임 목사께서 집으로 전화해 나를 찾으며 걱정하는 듯한 말씀을 하셨다고 아내가 전해 주었다.

그 말을 듣는데, 가슴이 쿵 하고 내려앉는 것 같았다. 나는 이미 설교시간에 목사님께서 지적한 사람이 나라는 것을 너무나 잘 알고 있는데 집으로 전화까지 하셨다니…. 확인사살을 하시는 것 같았다.

다행히 아내는 나에게 무슨 일인지 꼬치꼬치 묻지 않았다. 목사님께서 전화하셨다는 말을 들은 후 하나님의 사랑이 폭포수처럼 흘러들었다.

"아, 하나님이 정말로 나를 사랑하시는구나. 5백여 명이 넘는 성도 중에 나만 죄를 지은 것이 아닐 텐데, 유독 내 죄만 찍어서 11시 정규 예배 시간에 공개적으로 알려주셨다는 것은 나를 특별히 사랑하신다는 뜻이구나"라는 생각이 들었다.

1년여 전에도 아주 특별한 방법으로 찾아오셔서 하나님의 사랑을 알려주셨는데 이번에도 아주 특별한 방법으로 나의 죄를 지적해 주신 것이었다.

그 일이 있고 며칠 후에 우연히 라디오(극동방송)에서

충신교회 박종순 목사님 설교를 듣게 되었다. 공교롭게
도 죄에 대한 설교를 하시면서 "지금 빨리 돌아와라, 지
금 빨리 돌아와라"를 반복해서 말씀하셨다. 마치 예수님
께서 내게 해주시는 말씀처럼 들렸다.

그리고 아주 무섭고 두려운 마음이 들었다. "내가 한
번만 더 같은 죄를 범하면 하나님께서 반드시 나를 죽이
시겠구나"라는 공포심이 내 가슴에 들어왔다.

나는 눈물을 흘리며 회개했고 예수님을 구원주와 주님
으로 믿었다. 그 이후로는 죄를 바라보는 시각이 완전히
달라졌다. 죄에 대한 두려움과 공포가 생긴 것이다. 이
일은 오랫동안 죄에 대하여 무감각하게 살아왔던 삶을
온전히 청산하는 계기가 되었다.

나는 죄 사건으로 인하여 '하나님께서 왜 그러신지 모
르지만 나를 정말로 사랑하시는구나'라는 생각을 많이
하게 되었다.

나는 지금까지 신앙생활을 하면서 자신이 지은 죄를
목사님께서 그렇게 소상하게 공적인 예배 시간에 지적
하셨다는 이야기를 들어 본 적이 없다. 그 사건으로 김대
복 목사님은 영적으로 탁월한 분이라는 생각이 들었다.
내가 그런 목사님을 만난 것은 하나님의 놀라운 은혜라
고 생각한다. 나를 죽음보다도 더 큰 사랑으로 품어주시
는 하나님의 사랑에 그저 감사할 따름이다.

예수님과의 산책

1. 죄의 문제는 어떻게 해결할 수 있습니까?

인간이 죄를 범하므로 인하여 하나님과 인간 사이에는 죄의 담이 세워졌습니다. 이 죄의 담을 허물 사람이 필요한데, 이 세상에는 죄의 담을 허물 사람이 한 명도 없습니다. 그 이유는 죄가 하나도 없는 의인만 그 죄의 담을 허물 수 있는 자격이 있기 때문입니다.

이 땅에서 살아가는 모든 인간은 다 죄인입니다. 죄가 없는 사람은 단 한 명도 없습니다. 모든 인간은 인류 최초의 조상인 아담의 후손이기에 조상 대대로 내려오는 원죄가 있고, 스스로 지은 자범죄가 있습니다. 그런데 죄의 결과는 영원한 사망이라고 성경은 말씀하고 있습니다.

"죄의 삯은 사망이요 하나님의 은사는 그리스도 예수 우리 주 안
　에 있는 영생이니라"(로마서 6장 23절)

그러나 하나님은 사랑이신지라, 하나님의 아들 예수그리스도를 이 땅에 보내셔서 우리 죄를 대신 짊어지시고 죽어주심으로 인하여 우리에게 새로운 살길을 열어주신 것입니다.

죄와 허물로 죽었던 우리를 살리시기 위하여 예수그리스도께서 찾아오셔서 우리의 죗값을 대신 치러주심으로 인하여 우리에게 영원한 생명이 선물로 주어진 것입니다.

하나님의 아들 성자하나님이신 예수 그리스도께서 우리 대신 죽어주신 십자가는 하나님의 공의와 하나님의 사랑이 만난 곳입니다. 죄의 삯은 사망이라는 하나님의 공의와 죽을 수밖에 없는 인간을 대신하여 죽어주신 하나님의 사랑이 십자가에서 만난 것입니다. 당신의 영의 눈이 열려서 십자가에 달리신 하나님을 볼 수 있기를 소망합니다.

2. 마귀는 어떤 존재입니까?

마귀는 본래 하나님께 지음을 받은 천사 중 하나였습니다. 마귀는 원래 하나님을 찬양하고 경배하는 선한 존재로 지음을 받은 천사장 루시퍼입니다. 이 루시퍼가 하나님의 자리에 오르고자 하는 마음, 즉 높아지고 싶다는 마음을 품고 하늘에서 반역을 일으켰다가 패배하자 이 세상으로 쫓겨 내려오게 되었고, 인간은 그를 마귀 또는 사탄이라고 부르게 된 것입니다.

루시퍼라고 하는 천사장은 원래 다른 피조물보다도 더 아름답고 탁월한 능력을 가진 존재로 지음을 받았습니다. 그러나 그는 아주 악한 마음을 품었는데, 그것은 바로 자신이 하나님처럼 되고 싶다는 마음이었습니다. 그 마음을 교만한 마음이라고 합니다.

"너 아침의 아들 계명성이여 어찌 그리 하늘에서 떨어졌으며 너 열국을 엎은 자여 어찌 그리 땅에 찍혔는고, 네가 네 마음에 이르기를 내가 하늘에 올라 하나님의 뭇 별 위에 내 자리를 높이리라 내가 북극 집회의 산 위에 앉으리라 가장 높은 구름에 올라 지극히 높은 이와 같아지리라 하는 도다"(이사야 14장 12절-14절)

하나님께서 가장 싫어하시는 마음이 있는데, 그 마음은 교만한 마음입니다. 교만한 마음을 갖고 있는 사람은 결코 하나님을 만날 수가 없습니다. 그래서 어거스틴은 성도가 가져야 할 세 가지 마음이 있는데, 그것은 첫째도 겸손이요, 둘째도 겸손이요, 셋째도 겸손이라고 말을 하였던 것입니다.

교만은 자신의 현재 상황에 대하여 만족하지 못하는 것을 말합니다. 그와 반대로 "겸손은 자기 자신에게 일어난 일을 이상하게 생각하지 않는 태도"라고 19세기 남아프리카의 성자 앤드류 머레이는 말했습니다.

우리의 삶 전체는 하나님의 절대주권에 의하여 하나님의 섭리와 계획 속에 이루어진다는 것을 인정해야 합니다. 그렇지 않으면 나에게 일어나는 일들을 이상하게 생각해서 원망하고 불평을 합니다.

마귀에게는 다른 이름이 있는데 하나는 '공중권세 잡은 자'라고 합니다. 그는 하늘에서 쫓겨 내려와서 지금은 공중에서 권세를 잡고 있기 때문입니다. 마귀의 또 다른 이름은 이 세상을 지배하고 있다고 해서 '이 세상의 임금'이라고도 합니다.

마귀가 하는 일은 **첫째**, 인간들에게 높아지려고 하는 마음, 즉 교만한 마음을 품고 살아가게 하므로 인간을 지옥으로 이끌어가는 존재입니다.

둘째, 마귀는 하나님 앞에 계속하여 참소를 하는 존재이기에 사람들의 마음속에 남의 잘못을 고발하는 마음을 심어줍니다.

셋째, 마귀는 거짓의 아비이기에, 인간에게 거짓의 마음을 심어주었습니다. 거짓의 아비인 마귀가 사람들의 마음을 지배하고 있기 때문에 이 세상은 지금 거짓으로 넘쳐나고 있습니다.

마귀가 거룩한 하나님의 처소인 하늘에서 하나님의 자리를 차지하려고 반역을 일으켰을 때 혼자서 한 것이 아니고, 그를 따르는 천사들과 함께 반역을 일으켰습니다. 그 범죄한 천사들이 이 땅에서 귀신이 된 것입니다. 많은 세상 사람들은 귀신을 죽은 사람들의 영이라고 잘못 생각하고 있지만, 그렇지가 않습니다. 귀신이 조상신의 이름으로 사람들로부터 제사를 받는 것입니다. 하나님이 받으셔야 하는 경배와 섬김을 귀신이 가로채고 있는 것입니다.

"너희는 너희 아비 마귀에게서 났으니 너희 아비의 욕심대로 너희도 행하고자 하느니라. 그는 처음부터 살인한 자요 진리가 그

속에 없으므로 진리에 서지 못하고 거짓을 말할 때마다 제 것으로 말하나니 이는 그가 거짓말쟁이요 거짓의 아비가 되었음이라"(요한복음 8장 44절)

"큰 용이 내쫓기니 옛 뱀 곧 마귀라고도 하며 온 천하를 꾀는 자라 그가 땅으로 내쫓기니 그의 사자들도 그와 함께 내쫓기니라"(요한계시록 12장 20절)

3. 회개(悔改)는 무엇입니까?

회개는 우리 인간이 지은 죄를 해결할 수 있는 유일한 해결책으로 하나님께서 은혜의 선물로 주신 것입니다. 회개는 죄가 무엇인지를 깨달아 알고, 마음으로 하나님을 향해 완전히 돌아서는 것을 말합니다.

회개(悔改)는 '뉘우칠 회(悔)'자와 고칠 '개(改)'자를 쓰는데, 우리의 죄와 허물을 진심으로 뉘우치고 돌이키는 것이 회개입니다. 진정한 회개는 뉘우침과 돌이킴이 동시에 이루어져야만 합니다. 뉘우치기만 하는 것은 회(悔)만 하는 것이기 때문에, 반드시 행동으로 돌이키고 고치는 개(改)가 나타나야 진정한 회개입니다.

그러면 회개는 누구에게 해야 하며 누구를 의지해서 해야 할까요?

회개는 창조주 하나님께 하는 것이며, 하나님의 아들 예수

그리스도를 통해서만 할 수가 있습니다. 예수님은 하나님의 아들로 우리의 죗값을 대신 치러주신 유일한 분이시기 때문에 예수님의 이름으로 회개를 해야 하는 것입니다.

우리가 온전한 회개를 하면 하나님은 우리의 죄와 허물을 완전히 용서해주시고, 기억조차 하지 않으신다고 약속하셨습니다. 우리가 회개를 하면 우리는 죄를 용서받은 의인이 됩니다.

예수그리스도의 십자가 보혈로 죄를 용서받았기에 죄를 사함 받은 의인이 되는 것입니다. 천국은 죄를 용서받은 의인만 들어갈 수가 있습니다. 당신도 예수님의 십자가 보혈로 죄를 사함 받기를 소망합니다.

존 뉴턴(J. Newton)의 회심 이야기

뉴턴은 11살이라는 어린 나이에 어머니가 결핵으로 사망하게 되자, 집을 나가 선원 생활을 하다가 영국 해병에 입대하게 됩니다. 그러나 그는 엄격한 규율과 규칙적인 생활을 견디지 못해 탈영을 하였다가 체포되어 장교 후보생에서 수병으로 강등되는 수모도 겪게 됩니다.

뉴턴은 군대 생활에 잘 적응하지 못하는 바람에 군에서 나오게 되었고, 아프리카 노예선에 팔리게 됩니다. 그가 15개월 동안 노예 생활을 하다가 무역선에 구출되어 토마스 아 캠피스라고 하는 사람이 쓴 「그리스도를 본받아」라는 책을 읽고 회심을 하게 됩니다.

그는 영국으로 돌아와 생활하다가 자신이 그렇게 고초를 겪었던 노예선 선장이 됩니다. 그러나 그는 옛날처럼 기쁘지 않았습니다. 그는 죄를 회개하는 마음으로 복음을 전해야겠다는 마음을 품고, 공부를 하여 작은 마을에 있는 옴니 교회로 파송을 받아 15년간 시무하게 됩니다.

뉴턴이 54세가 되던 해에 성도들이 가장 많이 부르는 찬송가 중에 하나인 "나 같은 죄인 살리신(Amazing Grace)"라는 찬송가를 작사하게 됩니다. 이 곡은 우리 찬송가 305장에 실려 있는데, 지금도 많은 사람들이 애창하는 곡입니다. 이 곡은 죄와 허물로 가득한 한 인간이 온전한 회개로 중생의 기쁨을 얻고 기쁨의 눈물을 흘리는 신앙고백인 것입니다.

노예선 선장을 하며 노예를 잡아다가 팔아먹는 끔찍한 죄를 범했던 사람도 예수님을 구주와 주님으로 영접하고 온전히 회개하면 놀라운 구원의 은총이 임한다는 것을 꼭 기억하시기 바랍니다.

나 같은 죄인 살리신(찬송가 305장)

나 같은 죄인 살리신 그 은혜 놀라와.

잃었던 생명 찾았고 광명을 얻었네.

큰 죄악에서 건지신 주 은혜 고마워.

나 처음 믿은 그 시간 귀하고 귀하다.

이제껏 내가 산 것도 주님의 은혜라.

또 나를 장차 본향에 인도해 주시리.

거기서 우리 영원히 주님의 은혜로

해처럼 밝게 살면서 주 찬양하리라.

나에게 찾아오신 하나님, 그리고 존 뉴턴에게 찾아오신 하나님이 지금 당신의 마음의 문을 두드리고 계십니다.

당신의 마음의 문은 오직 당신 자신만 열 수가 있습니다.

지금 당신의 마음의 문을 열고 예수님을 구주와 주님으로 영접하시기를 간절히 바랍니다.

인생

인생을 이해하려 해서는 안 된다.
인생은 축제와 같은 것
하루하루를 일어나는 그대로 살아가라.

길을 걷는 어린이가
바람이 불 때마다
온몸에 꽃잎을 받아들이듯

어린이는 꽃잎을 주워서
모아 둘 생각은 하지 않는다.
머리카락에 머문 꽃 이파리를
가볍게 털어 버린다.

그러나 이미 여린 모습의
새로운 꽃잎으로 손을 내밀고 있다.

－ 라이너 마리아 릴케 －

3장

지금 빨리
연금관리공단에 확인해 보거라

하나님께서 처음으로
세미한 소리로 찾아오시다

하나님께서 갑자기 찾아오신 후 나는 나름대로 열심히 교회를 다녔다. 하나님에 관한 모든 것이 믿어졌다. 그리고 설교를 들을수록 하나님에 관한 믿음이 더욱 자라가는 것을 느꼈다. 교회에 나간 지 얼마 지나지 않아 주일 오후 예배와 수요예배에도 참석했다.

교회에 나간 지 5개월쯤 되었을 때 목사님께서 십일조

에 관한 설교를 하셨다.

목사님께서는 "하나님께서 십일조에 관한 축복을 말라기 3장 10절에 약속해 주셨다"라고 말씀하셨다.

우리가 온전한 십일조를 드리면 하나님께서 하늘 창고를 여시고 우리 창고에 복을 쌓을 곳이 없도록 쏟아부어 주신다는 말씀을 하셨다. 나는 성경에 그런 약속까지 있다는 것이 너무나 신기했다.

"만군의 여호와가 이르노라 너희의 온전한 십일조를 창고에 들여 나의 집에 양식이 있게 하고, 그것으로 나를 시험하여 내가 하늘 문을 열고 너희에게 복을 쌓을 곳이 없도록 붓지 아니하나 보라" (말라기 3장 10절)

목사님의 설교 말씀을 듣는데 그 말씀이 잘 박힌 못처럼 마음에 박히면서 가슴이 뜨거워졌다. 그리고 "오늘부터 온전한 십일조를 드려야겠구나"라고 생각해 교회에 나간 지 5개월 만에 온전한 십일조를 드리기 시작했다.

그것은 나에게 천지가 개벽할 정도의 놀라운 변화였다. 나는 그때까지 너무나 가난하게 살았기 때문에 돈에 대해 상당히 인색한 편이었다. 내 수입에서 십일조를 구별하여 드린다는 것은 있을 수가 없는 일이었다.

"이 십일조를 시골에서 고생하시는 부모님께 드린다

면 효자 소리를 들을 텐데…"라는 생각도 있었다. 그러나 "온전한 십일조를 드리면 하나님께서 물질에 관한 부분을 분명히 책임져 주시는 것을 보게 될 것이다"라는 목사님의 말씀을 믿어보기로 했다. 나는 그동안 가난하게 살았기에 하나님 안에서 부자로 살고 싶은 마음도 컸다.

그러나 당시 내 형편으로 십일조를 드리는 건 너무나 힘들었다. 야간대학을 다니던 때라 학비 부담도 있었기에 우리 집 재정이 계속해서 적자였다.

그 당시 나는 온전한 십일조에 대한 의미를 잘 몰라서 누가 소고기 세 근을 선물로 주면 그것도 돈으로 환산해서 드리고, 넥타이를 선물하면 그것도 돈으로 환산해서 드렸다.

가끔 너무 쪼들려 생활비가 없으면 미리 떼어 놓았던 십일조를 먼저 쓴 다음에 보너스를 받아 온전히 채워 드렸다. 일원도 떼먹지 않고 잘 챙겼다.

그렇게 1년 6개월 정도 십일조를 열심히 드렸는데 어느 날 갑자기 하나님께서 세미하면서도 또렷한 소리로 찾아오셨다. 직장에서 점심을 먹고 오후 1시경 사무실로 들어오는데 갑자기 공중에서 "지금 빨리 연금관리공단에 확인해 보거라"라는 내적인 음성이 또렷하고 정확하게 들렸다.

소리가 난 쪽으로 고개를 돌려 보았지만 아무도 없었다. 영화에서처럼 크고 웅장한 음성은 아니었지만 세미하면서도 또렷한 음성은 분명했다. 너무나 놀라운 경험이었다. 그래서 사무실에 들어오자마자 곧바로 연금관리공단에 전화를 했다.

나는 하나님의 세미한 소리가 들려왔을 때 그 이유를 한 번에 감지했다. 당시 공무원들에게 상계동 지역에 새로 건설한 아파트를 특별 분양하고 있었고 나는 분양신청을 해 25평 아파트가 당첨된 상태였다.

그런데 내가 공단에 접수할 서류에 문제가 있었던 것이다. 하지만 나는 내 서류에 문제가 있다는 것을 전혀 모르고 있었다. 공무원 특별 분양 아파트는 무주택자만 특별 분양을 받을 수 있는데, 나는 실질적으로는 무주택자이지만 서류상으로는 무주택자가 아닌 것으로 되어있었다.

그것을 하나님께서 알려주시기 위해 나에게 세미한 목소리로 "지금 빨리 연금관리공단으로 확인해 보거라"라고 말씀하신 것이다. 내 서류에 문제가 있으니 연금관리공단에 전화해 확인한 후 빨리 고치라는 것이었다. 확인 결과 정말로 내 서류에 문제가 있었다.

연금관리공단에서 서류에 이상이 있다는 것을 확인한 순간 나는 온몸에 소름이 쫙 끼쳤다. 이 놀라운 사실을 알려주시기 위해 하나님께서 세미한 소리로 찾아오신 것이었다. 그것을 알려주신 날은 금요일 날 점심시간이었다. 그 날은 잘못된 서류를 수정할 수 있는 마지막 날이었다. 나는 급히 홍제3동사무소로 달려갔다.

동사무소에 도착해 공무원증을 보여주며 사정 이야기를 했더니 직원이 잠깐 고민하는 것 같았다. 그 일은 위법은 아니지만 귀찮아서 안 해줄 수도 있었다. 그러나 그 직원은 잠시 생각하더니 순순히 해주었다. 아마도 내 사정을 봐 준 듯했다. 다음 날인 토요일에 수정된 서류를 찾고 이틀 후인 월요일에 서류를 접수하러 갔다.

나보다 먼저 서류를 접수하던 사람들 중에는 나와 동일한 사유로 문제가 발생한 경우가 많았다. "서류상 문제가 있어 접수할 수가 없다"라고 하자 "왜 안 되냐?"며 다투는 소리가 여기저기서 들려왔다. 그러나 나는 하나님께서 미리 알려주셔서 문제없이 서류를 접수할 수 있었다.

서류 접수를 끝내고 나오는데 하늘을 날아갈 것 같은 기분이었다. 하나님께 너무나 감사해 눈물이 주르륵 흘러내렸다.

그도 그럴 것이 당시에는 아파트 당첨만 되면 몇천만 원의 프리미엄이 붙었다. 한 번에 수천만 원을 벌게 되었으니 얼마나 감사한 일인지. 당시 상계동 25평 아파트의 분양가격은 1950만 원이었다.

더욱 감사한 것은 공무원 중에서 나처럼 어린 나이에 그런 아파트에 당첨된 경우는 흔하지 않다는 것이었다. 나는 공무원 생활을 일찍 시작한 덕분에 재직 년 수 점수가 높아서 당첨된 것 같았다. 나중에 확인해 보니 아주 근소한 점수 차이로 당첨되었다는 것을 알게 되었다.

아파트 분양 서류 접수를 마친 우리 부부는 그다음 주에 은행에서 현금 100만 원을 찾아서 문화촌 동성교회 김대복 담임목사님을 찾아갔다. 아내는 "상계동 아파트에 당첨시켜 주시면 구제헌금 100만 원을 하나님께 드리겠다"라고 약속했기 때문이다.

당시에 상계동 아파트 25평에 당첨되는 것은 경쟁이 치열해 하늘에서 별을 따는 것처럼 어려운 일이라고 했다. 아내는 그런 상황을 알고 있었다. 하지만 우리에게는 그 아파트가 너무나 절실했기에 당시로서는 상당히 큰 금액을 드리겠다고 약속한 것이다.

우리 부부는 목사님께 자초지종을 말씀드린 후 100만 원을 드리며 이렇게 말했다.

"목사님 100만 원 중에 25만 원은 윤 전도사님 전화를 한 대 놔주시고요, 나머지는 목사님이 필요한 곳에 구제 해주세요."

우리가 윤 전도사의 전화기에 대해 말씀드린 것은 당시에 유·초등부 전도사였던 윤 전도사의 집에 전화가 없어 전화 심방을 할 수 없었기 때문이다. 같은 유·초등부 교사였던 아내가 이 소식을 듣고는 전도사님께 전화기를 놔드리게 됐다.

목사님은 초보 신자인 우리 부부의 행동에 감동을 받으신 듯했다. 그런데 그 일 후에 우리 부부에게는 더 감격스러운 일이 생겼다.

어느 날 윤 전도사 부부를 집으로 초대해 함께 식사를 했는데 그 자리에서 윤 전도사가 이렇게 말했다.

"몇 주 전부터 새벽기도 시간에 전화를 놓아달라고 기도를 드렸는데 하나님께서 「전화가 필요하면 네가 나에게 직접 전화를 하거라」라는 음성을 들려주셔서 '하나님께서 전화를 놓아주실 모양이다'라고 생각했어요. 그런데 김 집사님 가정을 통해서 기도가 응답 되어 너무 감사하고 기쁩니다."

우리 부부는 우리의 작은 헌신을 하나님께서 기뻐 받

으셨다는 사실에 감사했다. 그리고 윤 전도사는 그즈음에 있었던 이야기 하나를 들려주었다.

"고향 집에서 쌀을 몇 말 보내줬는데 그때 마침 교회에서 성미 두말을 받았어요. 그래서 저 쌀을 누군가에게 구제를 하면 좋겠다고 생각했죠.

주일 예배 후 산동네에 사는 전도사 사모님이 잠깐 우리 집을 방문하셨는데 갑자기 '저 쌀의 임자는 저 사모님이다'라는 생각이 들어서 「사모님, 이 쌀 갖다 잡수세요」라고 했더니 「정말 고맙습니다」라며 사양하지 않고 가져가셨어요.

그다음 주에 전도사님 부부가 우리 집을 방문해서 하시는 말씀이 「사실은 지난주 아침에 쌀이 똑 떨어져서 점심부터는 어린아이들과 함께 끼니를 굶어야 하는 상황이었는데, 하나님께서 정확히 아시고 쌀을 채워주셔서 너무 감사했습니다」라고 말씀하시는 거예요."

윤 전도사님의 말씀을 들은 나는 엄청난 충격을 받았다. 하나님이 살아 계시다는 말은 여러 차례 들었지만 교회에 나간 지 2년밖에 되지 않아 하나님에 관해 많은 것을 알지 못했다.

하나님께서 산동네 전도사의 집에 쌀이 떨어진 것을 정확히 아시고 채워주셨다고 생각하니까 소름이 쫙 끼치면서 정말로 살아 역사하시는 하나님이시라는 것을 온전히 깨닫게 되었다.

우리의 작은 헌신을 통하여 하나님은 우리 부부에게 더 큰 은혜를 받게 하셨다.

시간이 흐른 후 우리는 하나님께서 주신 상계동 아파트에서 살게 되었다.

그때 하나님께서 "이것은 온전한 십일조에 대한 보상으로 준 것이다"라는 강한 감동을 주셨다.

5년 후 우리는 갑자기 대전으로 이사를 하게 되어 살던 아파트를 팔았다. 그때 아파트는 분양가 대비 4배 이상 올라 갑자기 큰 부자가 된 것 같은 기분이었다.

서울에서 아파트를 판 돈으로 대전에서는 프랑스식으로 지은 56평형, 방이 5개나 있는 2층 단독주택을 샀다. 당시 아들은 초등학교 6학년, 딸은 초등학교 3학년이라 각자의 방이 필요했지만 서울에서는 그럴 수가 없었다. 하나님께서는 이런 사정을 정확히 아시고 대전으로 이사하게 하신 거라고 생각했다.

맞벌이도 아닌, 공무원의 월급으로 이렇게 빨리 큰 주택을 산 사람은 거의 없을 것 같았다. 나는 그때까지도 시골에 계신 부모님과 동생들에게 가끔 돈을 보내야 하는 상황이었다.

그야말로 누구의 도움도 없이 오직 하나님의 은혜로

큰 집을 소유하게 된 것이다.

하나님은 한순간에 나를 부자로 만들어 주셨다.

성경에 약속된 말씀이 그대로 이루어지는 것을 확실히 보여주셨다.

하나님 말씀이 내 삶의 자리에서 그대로 실행되는 것을 확인하는 순간이었다.

그 후 나는 십일조를 드리는 것이 너무나 기쁘고 감사했다. 그 일 후에는 단 한 번도 십일조를 아까워한 적이 없다. 항상 조금이라도 더 드리고 싶어서 자투리를 반올림해서 드리고 있다.

하나님께서는 은혜로(온전한 십일조에 대한 보상으로 인지는 모르겠지만) 자녀들을 의사와 교수로 만들어 주셨고, 세종시에 아파트 한 채와 상가 두 채를 주셨다. 십일조 사건으로 인하여 나는 물질을 초월하여 살아가는 삶을 온전히 배우게 되었다.

1. 재물이냐? 하나님이냐?

기독교는 선택의 종교입니다.

믿음 생활을 하려면 매 순간 선택을 잘하여야 합니다.

재물을 선택할 것인가?

하나님을 선택할 것인가?

쾌락을 선택할 것인가?

의로운 삶을 선택할 것인가?

세상을 선택할 것인가?

하나님을 선택할 것인가?

순간의 선택이 평생을 좌우한다는 말이 있습니다. 우리가 매 순간 무엇을 선택하느냐가 우리 인생을 결정합니다. 지금 세상에서는 돈을 맘몬 신으로 섬기고 있습니다. 돈이 신의 자리 즉 하나님의 자리에까지 올라온 것입니다. 세상에서는 돈만 있으면 모든 것을 할 수 있는 시대가 되었습니다.

예수님을 제대로 믿으려면, 제일 먼저 돈을 다스리는 것이 무엇보다도 중요합니다. 성도는 세상의 그 어떤 것에도 매이면 안 됩니다. 성도는 오직 하나님께만 매여야 합니다. 그러면 모든 것으로부터 자유를 누리게 됩니다. 우리가 어떤 것이건 매이면 그때부터 그것에 구속되는 것입니다.

67

인간이 가장 공포를 많이 느끼는 높이는 11미터라고 합니다. 그래서 공수부대원들이 낙하 훈련을 받을 때 11미터에서 훈련을 받는다고 합니다. 11미터에서 뛰어내리지 못하면 2천 미터, 3천 미터 상공에서 절대로 뛰어내릴 수가 없습니다.

이와 마찬가지로 성도가 11조를 하지 못하면 2천 미터, 3천 미터 위에 있는 하나님의 은혜의 창공에 절대로 올라갈 수가 없게 됩니다. 그러면 신앙생활을 한다고 하면서도 일평생 11미터 아래에서 허우적대다가 끝이 나고 마는 것입니다.

그것처럼 불쌍한 신앙생활이 없습니다. 결국 십일조를 드리지 못하는 것은 하나님보다 돈을 더 사랑한다는 믿음의 반증입니다. 입술로는 하나님을 사랑한다고 아무리 고백하더라도 정작 십일조를 드리지 못한다면 나는 아직 하나님보다 돈을 더 사랑합니다. 하는 신앙고백인 것입니다.

그래서 십일조는 돈을 드리는 것이 아니고, 사실은 하나님께 우리의 믿음을 드리는 것이고, 우리의 마음을 드리는 것입니다. 십일조는 내가 가지고 있는 모든 것, 즉 외모, 지능, 학벌, 집안, 직장, 재물, 자녀 등 모든 것이 전능하신 하나님이 주셨다는 확실한 믿음이 있을 때 드릴 수가 있습니다. 하나님은 우리 마음의 중심을 살피시는 분이시기 때문에 우리가 무엇을 더 사랑하는지 정확히 아십니다.

"돈을 사랑함이 일만 악의 뿌리가 되나니 이것을 탐내는 자들은 미혹을 받아 믿음에서 떠나 많은 근심으로써 자기를 찔렀도다"
(디모데전서 6장 10절)

하나님은 지금도 우리에게 계속하여 질문하고 계십니다.

"네가 지금 돈보다 나를 더 사랑하느냐? 네 믿음을 행함으로 보여 줄 수 있겠니?"

돈보다 하나님을 더 사랑한다는 것을 행동으로 보여주는 것이 바로 십일조입니다. 우리의 믿음이 세상의 모든 것을 초월할 수 있게 되기를 소망해 봅니다.

2. 우리는 무엇을 붙잡고 살아가야 할까요?

아직 하나님을 믿지 않는 사람들 중에는 교회에서 십일조를 드리는 것 때문에 마음에 부담이 커서 교회 나오는 것이 망설여지는 사람도 있을 것입니다. 그리고 교회는 다녀도 아직 믿음이 온전하지 못한 교인들은 헌금에 대하여 상당히 민감한 것이 사실입니다.

이 세상 사람들이 붙잡고 살아가는 두 개의 축이 있는데, 하나는 돈이고 또 하나는 쾌락입니다. 거의 대부분 이 두 가지에 넘어지고 있습니다. 지금 세상 사람들은 돈과 쾌락의 논리로 살아가고 있는데, 그 흐름이 교회로까지 들어와 교회가 물질만능주의에 빠졌다고 지탄을 받고 있습니다.

교회가 세상을 변화시키지 못하면 세상이 교회를 동화시킵니다. 성도가 세상 사람들을 복음으로 변화시키지 못하면, 반대로 세상 사람들이 성도를 세상 사람으로 동화시킵니다. 너무나 많은 사람들이 하나님을 믿어도 끝내 하나님 중심으로 살아가지 못하고, 세상 중심으로 살아가는 것을 보게 됩니다. 그런 성도들이 많기 때문에 지금 세상은 변화되지 않고 있는 것입니다. 우리는 썩어질 것을 붙잡고 살아가서는 안 되고, 영원히 썩지 않을 것을 붙잡고 살아가야 합니다.

"형제들아 내가 이것을 말하노니 혈과 육은 하나님 나라를 이어 받을 수 없고 또한 썩는 것은 썩지 아니하는 것을 유업으로 받지 못하느니라"(고린도전서 15장 50절)

3. 하나님보다 더 귀한 것이 있으면 안 됩니다.

우리가 하나님을 믿는다고 하면서도 하나님보다 더 귀한 것이 있으면 그것은 우상숭배입니다. 교회에 다니는 사람들은 습관적으로 하나님을 믿는다고 말을 합니다.

그런데 하나님께서 기뻐하시는 믿음은 하나님보다 더 사랑하는 것이 없는 믿음입니다.

하나님을 믿는다고 하면서도 여전히 하나님보다 더 사랑하는 것을 몇 가지씩 가지고 살아가는 교인들을 참 많이 보게 됩니다. 어떤 교인은 돈을 더 사랑하고, 어떤 교인은 취미생활을 더 사랑하고, 어떤 교인은 권력과 명예를 더 사랑하고,

어떤 교인은 쾌락을 하나님보다 더 사랑하며 살아갑니다.

　성경에 보면 자신의 전 재산인 옥합을 깨뜨려 예수님께 부어드린 여인이 나옵니다. 누가 자신의 전 재산인 옥합을 깨뜨릴 수 있을까요? 자신에게 영원한 생명을 주신 예수님을 진정으로 만날 때, 세상의 그 어떤 것도 아끼지 않는 진짜 믿음이 들어옵니다. 우리도 우리 자신의 옥합을 깨뜨릴 수 있는 믿음으로 자라갈 수가 있어야 합니다.

기도

위험으로부터 벗어나게 해달라고 기도하지 말고
위험에 처해도 두려워하지 않게 해 달라고 기도하게 하소서.

고통을 멎게 해달라고 기도하지 말고
고통을 이겨낼 가슴을 달라고 기도하게 하소서.

생의 싸움터에서 함께 싸울
동료를 보내 달라고 기도하는 대신
스스로의 힘을 갖게 해 달라고 기도하게 하소서.

두려움 속에서 구원을 갈망하기보다는
스스로 자유를 찾을 인내심을 달라고 기도하게 하소서.

나 자신의 성공에서만 신의 자비를 느끼는
겁쟁이가 되지 않도록 하시고
나의 실패에서도 신의 손길을 느끼게 하소서.

− 라빈드라나트 타고르 −

4장

지금 네가 구하는 세상 것은 다 소털이니라

(구우일모 1)

**너는 더 이상 세상의 소털 구하지 말고
소 아홉 마리 되신 하나님의 일만 하다 오너라**

1986년 갑자기 하나님께서 찾아오신 후 나는 나름대로 열심히 신앙생활을 했다. 초보 신자가 십일조를 드리고 공적인 예배에 열심히 참석하자 교회에 나간 지 일 년이 조금 넘었을 뿐인데 집사 직분이 주어졌고 중·고등부 교사로 임명되었다.

하나님께서 온전한 십일조에 대한 보상으로 나에게 아

파트를 한 채 주셨다고 믿지만 우리 집은 여전히 쪼들리고 어려웠다. 결국 상계동 아파트는 전세를 주고 우리는 전에 살던 홍제동으로 이사를 해 문화촌 동성교회를 다시 다니게 되었다.

나는 하나님의 은혜로 문교부 본부의 교직국 양성과에서 교원을 양성하는 업무를 맡고 있었다. 당시 우리 집의 경제적 상황은 아주 어려웠다. 혼자 벌어서 생활하다 보니 적자가 누적되었다. 무언가 대책이 필요했다. 상계동에 아파트가 한 채가 있지만 분양받은 지 5년이 되지 않아 팔 수가 없었다.

그때 기쁜 정보가 들려왔다.

1993년 대전에서 엑스포가 열리게 되었는데 거기에 각 부처의 공무원들이 파견을 나갈 수가 있었다. 나는 파견신청을 하고 뜻이 이뤄지기를 손꼽아 기다렸다. 내가 엑스포 파견을 그토록 원했던 이유는 그곳에 가면 파견 공무원들에게 별도 수당을 주는데 그것이 꽤 되었기 때문이다. 나는 그것을 꼭 받고 싶었다.

그러나 엑스포 파견 근무도 치열한 경쟁이었기에 '어떻게 하면 갈 수가 있을까?' 고민하면서 하나님께 보내 달라고 기도했다. 그때 문교부 기독신우회에서 하나님을 같이 섬기고 있던 차관실의 정00 비서관이 떠올라 찾아갔더니 흔쾌히 기도해 주었다. 하나님의 은혜로 필요할 때 도움을 받을 수 있는 분이 있었다. 너무나 감사했다.

1년 6개월이라는 짧은 대전 엑스포 파견 동안은 돈 걱정을 하지 않고 살 수 있었다. 그러나 엑스포가 끝나갈 무렵 다시 고민에 빠졌다. 아내는 "여보, 우리 대전에서 그냥 살면 안 돼요? 서울에 가야 승진한다는 보장도 없고, 물가가 비싸 살기도 힘들고…. 여기 대전에서 지내보니까 살기가 너무 좋아요. 공기가 좋아서 숨쉬기도 편하고…."

아내는 서울 살림에 많이 지쳤던 것 같았다. 우리 부부는 기도를 해보기로 했다. 하나님께서 어떻게 응답을 하실지 하나님의 뜻을 구해보기로 하고 기도를 시작했다. 사실 내가 대전에 있는 국립대학으로 발령이 나면 승진을 포기하는 것이기에 나는 그것이 못내 마음에 걸렸다.
문교부 본부와 산하기관인 국립대학교는 승진에 큰 차이가 있었다. 그때 당시는 사무관으로 승진할 때 특별승진시험으로 진급할 때라 '나에게 기회가 온다면 사무관은 될 수 있겠다'라는 생각도 들었다.

하나님의 기도 응답은 "대전으로 내려가라"는 것이었

다. 우리는 14년 동안의 서울 생활을 청산하고 대전으로 갔다. 그리고 나는 국립대학인 대전산업대학교(현 국립 한밭대학교)에서 근무하게 되었다. 내심 충남대학교로 가기를 원했지만 충남대학교에서 문교부로 갈 직원이 없어 어쩔 수 없이 대전산업대학교로 가게 되었다.

그런데 나를 대전산업대학교로 가게 한 데에는 하나님의 놀라운 섭리가 있었다. 나중에 알고 보니까 대전산업대학교에 근무하는 것이 충남대학교에 근무하는 것보다 기성회 수당을 훨씬 더 많이 받는 것이었다. 그것도 참으로 감사했다.

대전산업대학교에 근무하던 1996년, 갑자기 총무처에서 사무관공개승진시험을 치른다는 공고가 나왔다.

6급 행정주사로 4년 이상 근무한 국가직 공무원은 어느 부처에 근무하든지 시험에 응시할 수 있었다.

나는 그 공고를 보고 전율을 느꼈다.

'하나님께서 나를 빨리 사무관으로 승진시키시려고 이런 제도를 시행하시는구나'라는 생각이 들었다. 공개승진시험은 10년 이상 시행한 적이 없었는데 갑자기 그런 기회가 찾아온 것이다.

그때부터 바로 공부를 시작했다. 시험과목은 1차 시험

은 영어, 헌법, 경제학으로 객관식이고, 2차 시험은 행정법, 행정학, 정치학으로 주관식이었다. 그런데 '호사다마'라는 말이 나에게도 적용되는 일이 발생했다. 마침 그때 한밭대학교 총장이 바뀌게 된 것이다. 새로 부임하게 될 총장은 카이스트 원장 출신으로 부임 전에 나에 대한 이력을 살펴보고는 기획팀장으로 발탁했다는 소문이 들려왔다.

나는 교무처장을 통해 사무관 공개승진시험 1차에 합격한 사실을 알리고 선처를 구했으나 요지부동이었다. "그것은 네 사정이고 너는 나와 함께 대학발전에 힘을 써야 한다"라며 뜻을 굽히지 않으셨다.

나는 결국 기획팀장으로 발령이 났다.

다른 기관에서는 나와 같은 상황의 직원이 있다면 사정을 봐줘서 한가한 자리로 발령을 내주고 공부를 할 수 있도록 배려를 해주는데 나는 오히려 가장 바쁜 부서의 팀장이 된 것이다. 이제 본격적으로 2차 시험 준비를 하려고 하는데 모든 것이 수포로 돌아가게 된 것이다. 1차 시험에 합격한 다른 기관의 사람들은 한가한 부서에서 공부에 전념하고 있다는 소문도 들려왔다.

나는 할 수 없이 시험공부 방법을 바꾸기로 했다.

공부할 시간이 절대적으로 부족했기에 주관식 3과목

을 공부는 하되, 20문제씩만 찍어서 공부하기로 했다. 다행히 시험문제가 공부한 중에서 나오면 합격이지만 그렇지 않으면 떨어질 수밖에 없었다. 나는 모든 것을 하나님께 맡기기로 하였다.

1박 2일 동안 2차 시험을 치르기 위해 서울로 갔다.

첫날 첫 번째 시험과목은 행정법인데, 50점 문제 하나와 25점 문제 두 개가 나왔다. 그런데 50점 문제는 내가 공부한 것이 아니었다. 25점 문제는 그런대로 쓸 수가 있었지만 점수가 큰 문제를 놓쳤으니 떨어질 수밖에 없겠다는 불길한 생각이 들었다.

오후에 진행된 행정학 시험까지 보고 미리 잡아놓은 공덕동의 여관방으로 돌아왔다. 그런데 시험에 떨어졌다고 생각하니 갑자기 하나님께 대한 원망과 불평이 폭포수처럼 터져 나왔다. 한 번 터지니까 막을 수가 없었다.

"하나님 제가 잘못한 것이 무엇입니까? 왜 1차 시험은 합격시키시고 2차 시험은 떨어뜨리십니까?"

하나님에 대한 원망과 불평이 분노로 변해 죽을 것처럼 치밀었다. 그런데 그 순간 갑자기 내 머릿속에서 글씨가 지나갔다. 전광판의 글씨처럼 까만색 글씨가 지나가는데 "범사에 감사하라"였다. 그 말씀은 성경에도 나오지만 우리 집 가훈이었다. 갑자기 눈앞에 가훈이 지나가자 나는 깜짝 놀라서 얼떨결에 무릎을 꿇었다.

'범사에 감사하라는 뜻은 시험에 떨어진 것도 감사하라는 뜻이구나'라는 생각에 나도 모르게 하나님께 회개 기도를 드렸다.

"하나님 시험에 떨어지게 해주셔서 감사합니다. 왜 떨어지게 하셨는지 모르지만 이 어려운 시간을 잘 극복하게 해주세요. 예수님의 이름으로 기도드립니다. 아멘."

나는 어쩔 수 없이 강제로 회개 기도를 짧게 드렸다.

그런데 이게 어떻게 된 일인가? 회개 기도가 끝나자마자 갑자기 내 눈앞에 그것도 내 손을 뻗으면 닿을 만한 거리에 꼭 어른 주먹만큼 큰 크기의 까만 물체가 보였다. 그런데 이 물체가 내 머리 쪽을 향하여 '쒜' 소리를 내면서 신속히 빨려 들어왔다. 마치 스펀지가 물을 빨아드리듯이 '쒜'하는 소리와 함께, 네 번이나 검은 물체가 내 머릿속으로 쏙쏙 빨려 들어왔다.

그러더니 네 개의 검은 물체가 네 개의 검은색 글씨로 한순간에 바뀌었다. 네 개의 검은색 물체는 '九牛一毛(구우일모)'라는 한자로 바뀌었다. 나는 혼잣말처럼 되뇌었다.

"구우일모…. 구우일모…."

한자 음은 알겠지만 의미가 정확히 떠오르지 않았다. 한 번도 생각해 본 적이 없는 사자성어였다.

순간 나는 "하나님, 이게 무슨 뜻이지요?"라며 머릿속에 있는 글자를 보면서 하나님께 여쭈었다. 그랬더니 하나님의 음성이 곧바로 들렸다. 지난번에 들려주셨던 세미하면서도 또렷한 그 음성으로 말씀해 주셨다.

"네가 그토록 하고 싶어 하는 사무관이라는 것은 소 아홉 마리에 있는 소털 하나밖에 안 된다. 그런데 너는 소 아홉마리 되신 하나님을 통째로 모시고 살면서 그까짓 소털 하나 없다고 나한테 그렇게 원망하고 불평하면서 대드느냐?"

하나님의 엄중한 말씀 앞에 나는 너무나 놀랐다.

내 마음이 혼비백산하는 기분이었다. 그 순간 철퇴로 머리를 맞은 것 같았다. 그리고 이내 통곡의 회개 기도가 흘러나왔다.

"하나님 그까짓 사무관이 뭐라고 하나님께 잠깐이나마 원망하고 불평하며 대든 것 용서하여 주옵소서. 나 같은 것 구원하여 주신 은혜가 얼마나 크고 놀라운 데 제가 잘못했습니다. 하나님 저를 불쌍히 여겨 주옵소서. 하나님 믿는다고 하면서도 여전히 세상 것을 붙잡고 살아가려고 애를 쓰는 저를 용서하여 주옵소서."

시간이 얼마나 흘렀는지도 모르고 오랫동안 기도를 했다. 눈물과 콧물 범벅이 되어 회개 기도를 끝냈을 때 또 이상한 일이 벌어졌다. 내가 머물고 있던 여관방 밖에서부터 방안으로 금빛 물결이 넘실대며 흘러들어오는 것 같이 보였다.

그 물결은 찬란한 황금색으로 금세 방안을 가득 채웠다. 나는 그 황금색 물결 한가운데에 붕 떠 있는 것 같았다. 이 세상에서 느끼는 기분이 아니었다. 순간 '이런 기분은 천국에서나 느끼는 것이 아닐까?'라는 생각이 들었다. 나는 너무나 황홀하고 찬란한 기쁨 속에 있었다. 불합격의 서운함은 모두 사라져 버렸다.

대전으로 돌아오는데 열차 안에서 불합격의 서운함보다는 나를 새롭게 만나주신 하나님의 은혜가 너무나 크고 놀라워서 마음이 날아갈 듯이 좋았다. 내 영혼은 기뻐 뛰며 춤을 추었다.

큰 경험 후 일상으로 돌아와 근무하는데 하나님께서 큰 감동으로 찾아오셨다. 하나님께서는 사무관이 '소털 하나'라고 말씀하셨다. 내가 근무하는 조직에서는 사무관이 관리직에 해당하기 때문에 너무나 중요하게 생각하는데 하나님은 소털 하나라고 하셨다.

산하기관에서 공무원 생활을 할 때 관리자로 근무하느냐, 실무자로 근무하냐의 기준이 사무관이기 때문에 지방 산하기관에서 근무하는 공무원들에게 사무관은 선망의 직책이다. 그런데 하나님은 사무관이라는 직책은 입김만 불면 날아가 버리는 소털 하나에 불과하다고 하셨다.

그러시면서 나에게 이런 감동을 주셨다.

"이 세상에서는 우리가 그토록 소망하는 것들 돈, 명예, 권력, 큰 아파트, 좋은 차, 잘난 자녀 같은 것들 대여섯 개만 있으면 큰소리치며 떵떵거리고 잘 산다고 한다. 그런데 그것들은 입김만 불면 날아가 버리는 소털에 불과하다. 그러니 너는 더 이상 세상의 소털 구하지 말고 소 아홉 마리 되신 하나님 일만 하다 오너라."

나 같은 보통 사람이 그토록 소망하며 살아가는 세상 것들이 소털 하나에 불과하다는 것을 하나님은 확실히 알려주셨다.

소 한 마리에 소털이 몇 개나 될까?

만약에 소 한 마리에 소털의 숫자가 일억 개가 있다면 소 아홉 마리면 소털은 구억 개다. 어마어마하게 많은 것이다.

그러나 소털은 입김만 불면 날아가 버리는 것이다.

사도 바울이 말하는 배설물에 불과한 것이다. 소는 소

털이 중요한 것이 아니고 소 자체가 중요한 것이다. 그런데 하나님은 소 아홉 마리에 해당되시는 분이라는 것을 알려주셨다.

소 아홉 마리에 있는 구억 개의 소털은 세상 것이지만 구우, 즉 소 아홉 마리는 하나님이라는 것이다. 세상에는 사람의 마음을 빼앗아 가는 것이 구억 개나 있지만 모두 다 입김만 불면 날아가 버리는 것이다.

'구우일모' 사건 후 나는 자꾸 두 손을 쳐다보는 습관이 생겼다. '내 두 손이 지금 세상의 소털을 붙잡고 있는 것은 아닐까?'라는 생각에 가끔 내 손을 바라볼 때가 있다.

하나님을 믿을 때 가장 중요한 것은 내가 붙잡고 있던 세상 것을 얼마나 내려놓았는가로 판단되는데 너무 초라한 내 믿음에 큰 자괴감이 들었다.

나는 그때 크게 결심했다.

"하나님 알겠습니다. 다시는 세상의 소털을 붙잡고 살아가지 않겠습니다"라고 굳게 다짐했다. 그 후로는 세상 것을 붙잡지 않고 오직 하나님이 기뻐하시는 삶을 살아가려고 애쓰며 살아가고 있다.

1. 하나님은 우리를 소 아홉 마리로 대접해 주셨습니다.

아프리카의 어떤 마을에 추장의 아들이 청혼을 하는 날이 었습니다. 그 마을의 풍습은 청혼을 하면서 신부에게 암소를 주는데, 평범한 여자에게는 암소를 한 마리, 인기가 있고 선 망의 대상이 되는 여인에게는 암소 두 마리를 주면서 청혼을 하는 관습이 있었습니다. 마을이 생긴 이래 암소를 세 마리까 지 받은 여인이 두 명 있었다고 합니다.

그런데, 그날 추장의 아들은 암소를 아홉 마리나 몰고 청혼 을 하러 나선 것입니다. 마을 사람들은 최고의 여인이 탄생하 는 날이라며 모두 기뻐했습니다. 하지만, 추장의 아들이 청혼 한 여인은 정말 별 볼 일 없는 여인이었고, 집안도 보잘것없 는 가난한 노인의 딸이었습니다. 마을 사람들 눈에는 정말 어 처구니가 없는 청혼이었습니다.

추장 아들과 친하게 지내던 선교사가 있었는데, 그는 청혼 까지만 보고 결혼식을 보지 못하고 본국으로 돌아왔다고 합 니다. 세월이 지나서 다시 아프리카의 마을을 방문한 선교사 는 아버지를 이어서 추장이 된 예전 추장의 아들을 기쁘게 만 나게 되었습니다. 그런데 그의 옆에는 정말로 아름답고 교양 있으며 현숙한 여인이 있었습니다.

그 여인은 바로 과거에 젊은 추장이 청혼했던 별 볼 일 없는 가난한 노인의 딸이었습니다. 처음에는 별 볼 일 없어 보이던 여인에게 추장의 아들이 암소 아홉 마리라는 최고의 가치를 부여하자, 그 여인은 점차로 그런 가치의 사람으로 변해갔던 것입니다.

하나님은 우리를 암소 아홉 마리로 대접해 주셨습니다. 사실 우리는 암소 한 마리만 받아도 너무나 과분한 사람들입니다. 그러나 하나님은 우리같이 형편없는 사람들을 소 아홉 마리인 구우(九牛)로 대접해 주셨습니다.

하나님께서 나에게 들려준 구우일모(九牛一毛) 음성에 의하면 구우, 즉 소 아홉 마리는 하나님 자신이셨습니다. 그렇습니다. 하나님은 당신의 하나밖에 없는 아들을 우리에게 보내셔서 우리의 죄를 대신 짊어지시고 십자가에서 죽어주셨습니다. 사람의 아들은 사람이고, 하나님의 아들은 하나님이십니다.

그러니까 우리를 살리시기 위하여 하나님의 아들 하나님께서 친히 십자가에서 죽어주신 것입니다. 우리가 죄로부터 구원받기 위하여 하나님의 생명이 필요하였습니다. 이런 사랑은 이 세상에서 어떤 소설가도 만들어 낼 수가 없는 너무너무 놀라운 사랑입니다.

아프리카 추장으로부터 소 아홉 마리를 결혼선물로 받은 볼품없는 여인이 가장 교양 있고 품위 있는 여인으로 자라간 것처럼, 하나님의 아들의 생명을 선물 받은 우리도 예수님을 온전히 닮은 모습으로 자라가야 합니다.

어디까지 자라가야 할까요?
우리는 예수님의 사랑을 흘려보내는 축복의 통로로 살아가야 합니다. 우리의 이웃에게 예수님의 향기를 전해 줄 정도로 자라가야 합니다. 세상 것을 많이 소유하지 못하였고, 성취하지 못하였을지라도, 세상에 굴복당하지 않는 하나님의 자녀의 정체성이 있어야 합니다.

또한 우리에게 닥치는 어떤 환난이나 핍박에도 무릎 꿇지 않는 세상이 감당할 수 없는 믿음의 사람으로 자라가야 합니다. 우리에게 닥치는 모든 근심거리를 기도거리로 바꿔서 살아갈 수 있는 기도의 사람으로 자라가야 합니다.

하나님은 우리가 가장 교양 있고, 격조 높은 삶을 살아가기를 원하셔서 소 아홉 마리 되신 하나님의 아들로 청혼을 하셨습니다.
  "내가 네게 장가들어 영원히 살되 공의와 정의와 은총과 긍휼히
  여김으로 네게 장가들며 진실함으로 네게 장가들리니 네가 여호
  와를 알리라"(호세아서 2장 19절-20절)

하나님의 청혼을 지금 받아드려서 만왕의 왕의 신부로 살아가지 않으시겠습니까?

2. 우리의 삶의 이유와 근거와 목적은 오직 하나님이어야 합니다.

지금까지 모든 인간 중에서 가장 지혜롭고 부유하고 호화로운 삶을 살았으며, 아내와 첩이 천명이나 되었던 사람이 있습니다. 그 사람의 이름은 솔로몬 왕입니다. 솔로몬 왕이 자신의 말년에 전도서라는 책을 썼는데, 거기서 이런 말을 합니다.

"전도자가 이르되 헛되고 헛되며 헛되고 헛되니 모든 것이 헛되
도다"(전도서 1장 2절)

솔로몬은 평생 동안 인간이 해 보고 싶은 것은 다 해본 다음에 인생이 헛되고 헛되다며 한 문장에서 다섯 번씩이나 헛되다고 말하고 있는 것입니다. 솔로몬의 인생을 통해서 보아도, 우리 인생의 본질은 허무입니다. 창조주 하나님과 관계가 맺어지지 않은 삶은 참으로 헛되고 헛된 것입니다. 그 사람이 아무리 많은 것을 소유하고, 최고의 것을 성취하였다고 해도 말입니다.

인생의 허무를 극복할 수 있는 유일한 삶이 있습니다. 그것은 창조주 하나님의 은혜와 긍휼로 예비해 놓으신 영원한 생

명 속으로 들어가는 것입니다. 돌아갈 곳이 있는 사람은 결코 허무하지 않습니다.

이런 예화가 있습니다.

하루살이와 메뚜기가 하루종일 놀다가 저녁이 되자, 메뚜기가 하루살이에게 "하루살이야, 이제 저녁이 되었으니 그만 놀고 내일 만나자"라고 했습니다. 그러자 하루살이가 메뚜기에게 물었습니다. "내일이 뭔데?" 하루살이는 하루만 살기 때문에 내일이 무엇인지 모릅니다.

하루살이가 죽고 나니 메뚜기가 외로웠습니다.

그래서 만난 것이 개구리였습니다. 개구리와 놀다가 가을이 왔습니다. 그러자 개구리가 "메뚜기야, 이제 날씨가 추워지니 겨울 지난 다음에 내년에 만나서 놀자"라고 했습니다. 그러자 메뚜기가 개구리에게 "내년이 뭔데?"라고 물었습니다. 메뚜기는 내년을 모릅니다. 1년만 살기 때문입니다.

우리 인생도 마찬가지입니다. 인간은 자신이 아는 것과 깨달은 것만 믿으려고 하는 경향이 아주 강합니다. 그러나 메뚜기가 내년을 모른다고 해서 내년이 없는 것이 아닌 것처럼, 우리가 영생을 모른다고 해도 영생이 없는 것이 아닙니다. 영생은 반드시 있습니다. 영원한 생명을 준비하는 삶을 살아가기를 바랍니다.

영국 케임브리지 대학교의 루이스 교수는 "우리는 예수님을 앞에 놓고 중간노선을 택할 수가 없다"라고 말했습니다. 그렇습니다. 우리에게는 예수님이냐? 아니냐? 만 있을 뿐입니다. 예수님을 믿고 천국 갈 것이냐? 예수님을 믿지 않고 지옥을 갈 것이냐는 우리 자신이 지금 이곳에서 선택하는 것입니다.

> "내가 진실로 진실로 너희에게 이르노니 내 말을 듣고 또 나 보내신 이를 믿는 자는 영생을 얻었고, 심판에 이르지 아니하노니 사망에서 생명으로 옮겼느니라"(요한복음 5장 24절)

우리가 이 세상에서 예수님을 구주와 주님으로 영접을 하면 우리는 이미 이 땅에서 천국 시민권자가 되는 것입니다. 우리의 구원이 과거형이 되는 것입니다. 그래서 '영생을 얻었고' 하고 과거형을 쓴 것입니다. 우리가 예수님을 구주와 주님으로 믿기만 하면 우리는 이미 이 땅에서 천국 백성의 신분으로 살아가니 얼마나 당당하고, 얼마나 기쁘고, 얼마나 행복하겠습니까?

3. 하나님은 세속화된 성도를 사용하지 않으십니다.

세속화(世俗化)라는 말은 하나님께서 아주 싫어하시는 단어입니다. 세속화는 하나님을 믿으면서도, 이 세상을 본받아 세상의 논리와 세상의 가치관으로 살아가는 것을 말합니다.

> "너희는 이 세대를 본받지 말고 오직 마음을 새롭게 함으로 변화

를 받아, 하나님의 선하시고, 기뻐하시고, 온전하신 뜻이 무엇인지 분별하도록 하라"(로마서 12장 2절)

나에게 이런 자녀를 주옵소서.

약할 때에 자기를 돌아볼 줄 아는 여유와
두려울 때 자신을 잃지 않는 용기와
정직한 패배에 부끄러워하지 아니하고
승리에 겸손한 온유한 자녀를 주옵소서.

생각해야 할 때에 고집을 세우지 말게 하시고
나 자신을 아는 것이 지식의 기초임을
알 수 있는 자녀를 내게 허락하옵소서.
원하옵나니 그를 평탄하고 안이한 길로
인도하지 마옵시고
고난과 도전에 직면하여 항거할 줄 알도록
인도하여 주옵소서.

그리하여 폭풍우 속에서 용감히 싸울 줄 알고
패자에게 관용할 줄 알도록 가르쳐 주옵소서.
그 마음이 깨끗하고 그 목표가 높은 자녀를,
남을 정복하려고 하기 전에

먼저 자신을 다스릴 줄 아는 자녀를,
장래를 바라봄과 동시에 지난날을 잊지 않는
자녀가 되게 하게 하여 주옵소서.

이런 것들을 허락하신 다음 이에 더하여
내 자녀들에게 유머를 알게 하옵시고,
생을 엄숙하게 살아감과 동시에
생을 즐길 줄 알게 하옵소서.

자기 자신에 지나치게 집착하지 말게 하시고
겸허한 마음을 갖게 하시여
참된 위대한 삶은 소박함에 있음을 알게 하시고
참된 지혜는 열린 마음에 있으며
참된 힘은 온유함에 있음을 명심하게 하옵소서.

그리하여 나 아버지는
어느 날 내 인생을 헛되이 살지 않았노라고
고백할 수 있도록 도와주시옵소서.

- 맥아더 장군의 자녀를 위한 기도문 -

5장

네가 지금 구하는 그것도 구우일모니라

(구우일모 2)

일곱 개의 교회를 건축하라

구우일모 사건 이후에 나는 세상 것을 다 내려놓고 하나님께서 기뻐하시는 삶을 살려고 노력했다. 그리고 정말로 세상 것을 다 내려놓았다고 생각했다.

한 달 정도의 시간이 흐른 후 하나님께서 강한 감동(확실한 생각을 마음속에 넣어주심)으로 다시 찾아오셨다. 이번에는 음성으로 찾아오시지 않으셨다.

필리핀 선교사가 우리 교회에 와서 선교 보고를 한 후

얼마 지나지 않은 시점이었는데, 나에게 교회 일곱 개를 건축하라는 강한 감동을 주셨다.

공무원이 필리핀에 일곱 개의 교회를 건축하는 것은 쉽지 않은 도전이었다. 그러나 나에게는 하나님께서 감동을 주실 때는 우리의 환경과 조건을 따지지 말고 순종해야 한다는 믿음이 있었다. 아내와 상의를 한 후에 기쁜 마음으로 순종하기로 했다. 그 후 필리핀 선교사를 통해 필리핀에 세 개의 교회를 건축했다.

얼마간의 시간이 지난 후 필리핀 선교현장을 다녀온 담임목사로부터 조금 부정적인 말을 듣고는 필리핀이 아닌 다른 지역에 교회나 선교 기관을 건축하기로 마음을 바꿨다. 그 뒤에 영명 교회에서 타지키스탄 선교사를 통해 선교 보고를 들은 후 그 지역의 선교관 건축에 동참해 교회 세 개를 지을 수 있는 헌금을 드렸다. 그리고 내가 옥천 서정교회에 부임할 때 교회 한 개의 건축헌금은 서정교회 건축비로 드렸다.

나는 평생 마이너스 통장을 사용하며 살아왔기에 하나님께서 "일곱 개의 교회를 건축하라"는 감동을 주셨을 때 상당히 당혹스러웠다.
그래서 이렇게 기도드렸다.

"하나님, 꼭 우리에게서 받으셔야 되나요? 우리보다 형편이 좋은 성도들이 많이 있을 텐데요? 우리 가정이 평생 마이너스 통장을 사용하면서 어려운 삶을 살아온 것을 알고 계시잖아요? 하나님, 제 돈이 그렇게 좋으세요?"

그러나 응답은 없으셨다.
언젠가 주님 앞에 가면 여쭤볼 것이다.
한편으로 생각하면 우리 같이 연약한 성도를 통하여 영광을 받아주시니 얼마나 감사한 일인지…. 그저 눈물 나게 고맙고 감사할 뿐이다. 하나님은 우리의 물질을 보시고 영광을 받으시는 것이 아니라 우리의 마음 중심을 보시고 영광을 받으시는 분이 아니시던가….

그렇게 감사한 시간이 흘러갔다. 나는 그동안 하나님의 은혜로 사무관으로 승진해 경남 진주의 경상대학교에서 학사관리 과장으로 근무하고 있었다. 그곳에서는 정말로 행복한 시간이었다. 업무 부담도 없었고 우리같이 외지에서 온 과장들에게는 대학 측의 배려로 게스트하우스에 거주할 수 있어 참으로 감사했다.
내가 머물던 대학기숙사에서 조금만 나가면 남해 바다가 있고 지리산이 있어서 이곳저곳을 둘러보는 재미가 쏠쏠했다. 그리고 금요일 저녁에는 대전으로 올라와 주일을 보내고 월요일 새벽에 진주로 갔다. 진주에서도 새벽예배를 드리기 위해 가까운 지역교회를 나가곤 했다.

그러던 어느 날 평상시와 다름없이 진주 남강 변을 걸으면서 기도를 하고 있었다. 저녁을 먹으면 습관적으로 밖으로 나와 걸으면서 기도를 했다. 그때는 한시적으로 다른 과장과 한집에서 생활하고 있을 때라 기도하기가 불편했다. 때문에 저녁 식사 후 경관이 빼어난 남강 변을 보면서 기도하는 것이 남다른 기쁨이었다.

그날은 기도를 하는데 갑자기 눈물이 흘렀다.
기도 내용은 아주 세속적이었다. 자녀를 위한 기도였는데 내가 생각해도 세속적이라는 생각이 들었지만 그래도 오랫동안 소망하며 기도했던 내용이라 서운한 마음이 들어 하나님께 하소연하는데 눈물이 흐른 것이다.
그런데 기도 중에 갑자기 하나님의 세미한 음성이 들렸다.
"네가 지금 구하는 그것도 구우일모니라."
나는 너무 놀랐다.
조금 세속적인 기도라는 생각이 들었지만 하나님께서 직접 찾아오셔서 질책하실 줄은 몰랐다.

더욱 놀랍고 감사한 것은 '구우일모'라는 말로 내게 다시 찾아오셨다는 것이다. 구우일모(九牛一毛)는 세상에서 하나님하고 나만 아는 아주 비밀스럽고 신비스러운 단어이기 때문이다.

9년 전 내게 들려주셨던 구우일모를 9년이 지나서 또 들려주시니 너무도 놀랐다. 하나님과 나만 아는 단어 구우일모로 찾아오신 것이기에 더욱 감격했다. 하나님은 결코 잊지 않으셨던 것이다.

하나님은 내게 이렇게 말씀하시는 것 같았다.

"9년 전에 너에게 세상의 소털을 구하지 말고 오직 모든 것 되는 나 하나님의 일만 하다 오라고 하지 않았느냐? 그런데 왜 아직도 소털을 구하고 있느냐?"

하나님의 꾸짖음에 나는 눈물을 흘리며 깊은 회개 기도를 드렸다.

"하나님 저는 그동안 다 내려놓고 살아가는 줄 알았습니다. 그런데 아직도 제가 내려놓지 못한 것이 있었네요. 너무너무 죄송합니다. 다시는 이런 세상 소털을 구하지 않겠습니다. 이제 자녀 문제는 하나님께 온전히 맡기겠습니다. 하나님께서 합당한 은혜를 베풀어주셔서 기독교 명문 가정을 이루게 하여 주시옵소서"라고 기도드렸다.

내가 세상적인 기도를 드렸던 이유는 미국의 에드워드 가문처럼 기독교 명문 가정을 이루게 해달라고 오랫동안 기도를 드렸는데 이것이 이루어지지 않을 것 같은 마음이 들어 아주 세속적이고 인본적인 기도를 드린 것이다.

그런데 하나님께서 아직도 내 안에 내려놓지 않은 것이 있음을 지적해 주시니 너무도 감사했다. 그리고 아직도 내려놓지 않은 것이 있다는 것에 나 스스로 적지 않게 놀랐다.

하나님은 내 자존심까지도 철저하게 내려놓기를 원하셨다. 우리는 모든 것을 내려놓았다고 생각하며 살아가지만 내면을 잘 살펴보면 아직도 내려놓지 않은 것이 분명 있는 것이다.

나는 지금도 가끔 두 손을 바라볼 때가 있다. 그러면서 내가 아직도 세상의 소털을 붙잡고 있지는 않은지, 내가 정말로 모든 것을 다 내려놓았는지, 돈, 명예, 권력, 목숨, 쾌락, 그리고 자존심까지도 내려놓았는지 스스로에게 묻는다. 나는 다 내려놓았다고 하지만 하나님이 보시기에는 아직도 내려놓지 못한 것이 있을 수도 있다.

"하나님 아직도 제 손에 움켜쥐고 있는 세상의 소털은 무엇입니까?"

1. 인간은 어떻게 구원을 받을 수가 있습니까?

누구든지 하나님의 아들 예수그리스도를 믿으면 구원을 얻습니다.

예수님을 믿으려면 **첫째, 하대부**를 시인하여야 합니다.

(1) 예수님을 하나님의 아들 **하**나님으로 시인하여야 합니다.

(2) 예수님이 인간의 죄를 짊어지시고 십자가에서 **대**신 죽어주셨다는 것을 시인하여야 합니다.

(3) 예수님께서 죽은 지 3일 만에 죽었다가 다시 **부**활하신 것을 시인하여야 합니다.

둘째, 예수님을 하대부로 시인하였으면, 영접을 해야 합니다.

(1) 영접은 예수님을 우리 마음 안에 구주와 주님으로 모셔드리는 것을 말합니다.

(2) 예수님을 우리의 구주와 주님으로 영접할 때, 우리는 그동안 예수님을 알지 못하고 살아오면서 지은 모든 죄를 온전히 회개하여야 합니다.

(3) 여기서 영접의 진정한 의미는 우리의 왕을 나 자신에서 예수님으로 바꾸는 것을 말합니다.

셋째, 이렇게 영접하면 하나님의 자녀가 됩니다.

(1) 우리가 예수님을 영접하면, 우리는 곧바로 하나님의 자
   녀가 됩니다.

"영접하는 자 곧 그 이름을 믿는 자에게는 하나님의 자녀가 되는

권세를 주셨으니"(요한복음 1장 12절)

(2) 우리가 예수님을 진심으로 영접하면, 우리는 하나님의
   자녀가 되고, 우리는 하나님을 아버지라고 부를 수 있는
   자격이 생깁니다. 그리고 하나님의 자녀는 하나님 아버
   지의 나라인 천국에 들어갈 자격이 생깁니다.

하나님의 자녀만 하늘 아버지의 집인 천국에 들어갈 권세
가 주어지는 것입니다. 그래서 이 땅에서 반드시 하나님과
자녀의 관계가 맺어져야만 합니다. 이것이 기독교는 관계의
종교라고 하는 이유입니다. 당신이 이 땅에서 숨을 쉬고 있
는 동안 생명의 주님과 자녀의 관계가 꼭 맺어지기를 소망합
니다.

2. 인간은 죄의 문제를 스스로 해결할 수가 없습니다.

인간은 하나님을 떠나 하나님 없이 인간 중심으로 세상을
이끌어 가면, 이 세상에서 가장 이상적인 나라(유토피아)를
만들 수 있다고 생각을 하였습니다. 그러나 하나님을 떠나 인
본주의 꽃을 피운 중세시대와 근대기를 거친 다음에, 20세기

를 맞아 이 세상에는 무시무시한 전쟁이 두 차례나 있었습니다. 제1차 세계대전과 제2차 세계대전입니다.

이처럼 인간이 하나님을 떠나서는 아무것도 해결할 수 없다는 것을 보여주고 있는 것입니다. 죄의 문제도 마찬가지입니다. 죄의 문죄는 인간의 과학과 기술이 아무리 발전해도 해결할 수가 없습니다. 인간의 죄의 문제는 인간 스스로 도덕적이고 윤리적인 삶을 살거나, 세상에서 어떤 큰 공적을 세우거나, 어려운 사람을 많이 구제하였다고 해서 죄가 없어지거나 감소 되는 것이 아닙니다.

3. 예수님은 인간의 죄 때문에 죽어주셨고, 인간에게 영생의 소망을 주시기 위하여 부활하셨습니다.

예수님은 죽음을 이기시고 부활하셨습니다. 예수님은 4대 성인 중에 한 분이 아니십니다. 예수님은 하나님의 아들이 인간의 모습으로 오신 분이시기 때문에 세상 사람들이 생각하는 것처럼 성인 중에 한 분이 아니십니다.

예수님은 하나님의 신성 100%와 인간의 속성 100%를 가지고 오셨습니다. 인간의 죄의 문제를 해결해 주셔야 하기 때문에 인간의 모습으로 오셔야만 하였습니다. 그러나 예수님은 하나님의 아들 성자하나님으로서 하나님의 신성을 갖고 오셨기에, 죽었다가 3일 만에 다시 살아나실 수 있었던 것입니다.

인간이 죽었다가 다시 살아나는 것을 부활(復活)이라고 합니다. 인류의 역사상 예수님 외에 죽었다가 다시 살아난 사람은 없습니다. 일시적으로 죽었다가 다시 깨어난 사람은 있을지 모르지만, 죽었다가 3일 만에 다시 살아난 다음에 40일 동안이나 부활하신 모습을 제자들과 많은 사람들에게 보여주신 분은 예수님이 유일하십니다.

예수님의 부활은 기독교의 유일성입니다. 예수님의 부활 때문에 다른 종교와 융합하지 못하는 것입니다. 사람이 만든 종교와 하나님으로부터 온 생명의 종교가 융합되지 못하는 것은 너무나 당연한 것입니다.

이것을 모르는 어떤 사람들은 기독교는 너무 배타적이고, 이기적이고, 편협적이라고 말을 합니다. 무덤 안에 갇힌 죽음의 종교와 죽음을 이기고 무덤에서 나온 부활의 종교가 함께하지 못하는 것은 너무나 당연한 것입니다.

진리가 비진리와 같이 갈 수가 없고, 생명이 죽음과 같이 갈 수가 없고, 빛이 어둠과 같이 갈 수가 없고, 천국이 지옥과 같이 갈 수가 없고, 하나님의 자녀가 마귀의 자녀와 함께 갈 수가 없는 것입니다.

"죄를 짓는 자는 마귀에게 속하나니 마귀는 처음부터 범죄함이라 하나님의 아들이 나타나신 것은 마귀의 일을 멸하려 하심이라"(요한일서 3장 8절)

예수님의 부활은 역사적인 사실입니다. 다만 믿지 않을 뿐입니다. 그 누구도 불경이 가짜라고 말을 하지 못하는 것처럼 성경이 가짜라고 말을 하지 못합니다. 왜냐면 역사적으로 입증된 사본이 5천여 개 이상이나 현존하고 있기 때문입니다.

"예수께서 이르시되 나는 부활이요 생명이니 나를 믿는 자는 죽어도 살겠고, 무릇 살아서 나를 믿는 자는 영원히 죽지 아니하리니 이것을 네가 믿느냐"(요한복음 11장 25절-26절)

우리가 살아가고 있는 이 시대를 포스트모더니즘 시대라고 합니다. 후기 근대주의라고 해석할 수가 있는데, 이 시대의 특징은 절대 진리가 감추어지고 상대진리화 된 것입니다. 이 땅에 인본주의가 가득해지면서 하나님의 절대 진리가 상대진리 속에 묻혀 버리고 말았습니다. 그래서 사람들은 무엇이 절대 진리인지, 누구를 믿어야 구원을 받는지 알지를 못합니다. 참으로 서글픈 현실입니다.

인간이 죽었다가 다시 살아난 죽음을 이긴 부활의 종교만이 진리입니다. 더 이상 속지 마시기 바랍니다. 죽었다가 다시 살아나신 예수님을 믿으면 예수님과 함께 영원히 삽니다. 그러나 무덤 속에 갇혀서 나오지 못하는 교주를 믿는 종교는 그 교주와 함께 무덤 속에 영원히 갇혀 버리고 마는 것입니다.

지금 어둠에서 빛으로 나오시기 바랍니다.

"나는 빛으로 세상에 왔나니 무릇 나를 믿는 자로 어둠에 거하지 않게 하려 함이로다"(요한복음 12장 46절)

[벤허] 영화감독의 회심 이야기

내가 지금까지 본 영화 중에서 가장 크게 감명을 받은 영화는 벤허라고 하는 영화입니다. 이 영화는 예수님을 믿지 않는 사람들에게도 아주 큰 감동을 주는 영화입니다. 이 영화는 루월리스라고 하는 사람이 쓴 벤허라고 하는 소설을 영화로 만든 것입니다.

그는 예수님의 부활이 거짓말이라고 생각해서 자신이 반드시 예수님의 부활이 거짓말이라는 것을 입증해 보이겠다는 굳은 결심을 하고 성경을 읽고 또 읽고, 유명한 도서관을 찾아다니면서 모든 연구를 다 해 봅니다.

그러나 연구를 하면 할수록 예수님의 부활은 역사적인 사실이라는 결론에 도달합니다. 결국 두 손을 들고 항복하면서 예수님께 무릎을 꿇었습니다. 그리고 벤허라는 작품을 쓰게 되었고, 이 소설이 영화로 만들어졌는데, 지금도 최고의 명화로 손꼽히고 있습니다.

예수님께서 부활하시지 않았다면 기독교는 결코 우리나라에까지 들어올 수가 없었을 것입니다. 어떻게 지금으로부터 2천여 년 전에 예수라고 하는 이름 없는 청년이 12명의 제자들과 함께 그것도 3년이라는 아주 짧은 시간 동안 믿었던 종교가 전 세계 사람들이 가장 많이 믿는 종교가 되었을까요?

그것은 예수님의 부활이 역사적인 사실이기 때문에 그런 것입니다. 예수님께서 부활하지 않았다면, 예수님의 제자들이 결코 순교하면서까지 예수님이 부활하셨다고 하는 복음을 전하지 못하였을 것입니다.

록펠러 어머니의 유언 10가지

01. 하나님을 친아버지 이상으로 섬겨라.
02. 목사님을 하나님 다음으로 섬겨라.
03. 주일 예배는 본 교회에서 드려라.
04. 오른쪽 주머니는 항상 십일조 주머니로 하라.
05. 아무도 원수로 만들지 말라.
06. 아침에 목표를 세우고 기도하라.
07. 잠자리에 들기 전 하루를 반성하고 기도하라.
08. 아침에는 꼭 하나님의 말씀을 읽어라.
09. 남을 도울 수 있으면 힘껏 도우라.
10. 예배 시간에 항상 앞에 앉아라.

어머니의 유언대로 살려고 노력하였던 록펠러는 미국 최대의 부자가 되었습니다. 전성기 때는 수입이 얼마나 많은지 십일조를 계산하는 사람만 40명이 넘었다고 합니다.

6장

너는 왜 그것을 지키지 않고 있느냐?

예배를 너무나 귀하게 생각하시는 하나님

내가 진주에 있는 국립경상대학교에서 근무할 때 매주 금요일 저녁 대전으로 왔다가 주일을 지내고 월요일 새벽에 차를 운전해 진주로 가곤 했다. 어느 월요일 새벽, 차 안에서 간증 테이프를 들으며 운전 중이었다.

간증 내용은 기독신우회가 없는 중학교에서 한 교사가 기독신우회를 처음 만들어 하나님께 예배를 올려드리는 날 회원들이 함께 모여서 찬송을 부르는데 예수님께서 너무 기뻐서서 눈물을 흘리시는 환상을 보여주셨다는 내용이었다.

　　·

　나는 간증을 들으면서 마음이 뜨거워졌다. 그리고 "직장에서 처음으로 기독신우회를 만들어 예배를 올려드렸을 때 예수님께서 너무 기뻐서서 눈물을 흘리시는 환상을 보여주셨다면 나도 기독신우회를 만들어서 하나님께 영광을 올려드려야 하지 않을까?"라는 생각이 들었다.

　이와 동시에 내 의지와 상관없이 말이 저절로 나왔다.
　"하나님, 제가 근무하던 대전 한밭대학교로 빨리 보내주시면 가자마자 기독신우회를 만들어서 하나님께 영광을 올려드리겠습니다."
　이렇게 갑자기 서원 기도를 드리기는 했지만 하나님의 강력한 인도하심에 의하여 서원 기도가 이미 이루어졌다는 생각이 들었다.

　하나님의 은혜로 진주 경상대학교에서 근무한 지 1년 2개월 만에 대전의 한밭대학교 공과대학 행정실장으로 발령이 났다.
　생각보다 빨리 내가 근무하던 대학으로 발령이 나도록 인도해 주신 하나님께 감사한 마음이 들었다.
　대전으로 돌아온 후 하나님께 서원한 것이 생각났다.

하지만 차일피일 미루면서 기독신우회를 만들 생각을 하지 않았다. 내가 힘을 쓰면 얼마든지 만들 수 있었지만 다른 이유를 대면서 계속해서 미루었다.

그 이유는 기독신우회 회원이 될 직원 중 몇몇의 삶이 본이 되지 못해 다른 사람들로부터 지탄을 받기 때문이었다. 이런 상황에서 기독신우회를 만들면 "엉터리 같은 삶을 살면서 무슨 기독신우회를 만들어 예배를 드린다고 하느냐?"라고 비판을 받을 것 같아 차일피일 미루면서 기독신우회를 만들지 않고 있었다.

그렇게 일 년이 지난 어느 날 평상시와 같이 새벽예배에 참석해 개인 기도를 시작했을 때였다. 갑자기 하나님의 세미하면서 또렷한 그 음성이 기도 중에 쑥 들어왔다.

"너는 왜 그것을 지키지 않고 있느냐?"

나는 그 말씀의 의미가 무엇인지 정확히 알았다.

"기독신우회를 만들어 영광을 돌린다고 서원을 해 놓고 이제까지 왜 안 지키느냐?"라고 말씀하시는 것이었다.

놀랍고 죄송스러운 마음에 "하나님, 너무너무 죄송합니다. 오늘 출근하자마자 기독신우회를 만들어서 하나님께 영광을 올려드리겠습니다"라고 말씀드린 후 그동안 내 생각과 판단으로 기독신우회를 만들지 않은 것을 온전히 회개하였다.

아침에 출근하자마자 직원 중에서 믿음이 신실한 팀장 두 명과 장로 직분의 신실한 교수 두 명에게 전화를 걸어 함께 점심 식사를 하기로 했다.

약속 장소에 모인 사람들에게 "하나님께서 한밭대학교에 교수, 직원, 학생이 연합한 기독신우회가 만들어지는 것을 원하고 계시니 빨리 기독신우회를 만들어서 하나님께 영광을 올려드렸으면 좋겠습니다"라고 제안하자 모든 참석자들이 흔쾌히 동의했다.

2007년 3월 하나님을 믿는 교수, 학생, 직원들이 모여서 하나님께 영광의 연합예배를 올려드렸다. 하나님께 질책을 받은 후에 기독신우회를 만들어서 그런지 예수님께서 눈물을 흘리시는 환상은 보여주지 않으셨다.

그러나 너무나 기쁘고 뿌듯했다. 그동안 괜한 걱정을 앞세워서 빨리 만들지 못한 것을 깊이 후회했다.

나는 예배의 전반적인 내용을 주관하면서 한 달에 한 번씩 외부 목사님을 초청해 정기적으로 예배를 드렸다. 충남대학교로 자리를 옮긴 후에도 한밭대학교에서 기독신우회 예배가 잘 드려지고 있다는 소식을 들을 때마다 참으로 감사한 마음이 들었다.

예배가 없는 곳에 예배가 있게 하는 것을 하나님은 얼마나 기뻐하시는지 뼈저리게 느낀 사건이었다.

1. 예배는 무엇입니까?

"예배는 하나님께 드리는 최고의 헌신이며, 믿음의 실행이며, 하나님께 집중하는 것이며, 하나님에 대한 사랑의 표현이며, 종으로서의 섬김이며, 하나님을 영화롭게 하는 것이며, 하나님에 대한 인간의 반응이다"라고 리프블레드 교수는 말했습니다.

예배는 한마디로 살아계신 하나님과 예배자와의 만남입니다. 인간은 창조주 하나님께 예배드리기 위하여 지음을 받았습니다. 우리를 창조하신 살아계신 하나님께 예배를 드리지 않으면 하나님과의 관계가 끊어지게 됩니다.

하나님은 우리가 예배하도록 부르시고, 감동을 주시고, 이끌어주시는 분이십니다. 그러므로 우리는 영과 진리로 예배를 드려야 합니다.

예배에 실패하는 것은 인생을 실패하는 것입니다.

인류 최초의 살인자가 누군지 아십니까?

하나님께 올려드리는 예배에 실패한 가인이라고 하는 사람입니다.

하나님은 준비된 예배를 받으십니다.

111

하나님은 우리가 예배를 준비하기를 원하시고, 준비된 예배를 기쁨으로 받으십니다. 예배는 우리 인생에서 가장 소중하고 가장 중요한 것을 하나님께 바치는 것입니다. 하나님보다 더 사랑하는 것을 소유하고 살아가면서, 하나님께 예배를 드린다면 그것은 온전한 예배가 아닙니다.

예배는 일상생활에서의 구별됨을 말하는 것입니다.

우리 성도는 세상 속에서 살아갈 수밖에 없지만 구별된 삶을 살아가야 하며, 세상에 동화되지 않고 세상을 변화시키는 삶을 살아가는 것이 바로 성도의 진짜 예배입니다.

2. 생활예배에 성공하는 것이 중요합니다.

참된 예배는 교회 안에서 드리는 공적인 예배뿐만 아니라, 우리의 삶 속에서 드리는 생활예배를 잘 드려야 합니다.

우리는 삶 자체가 예배인 삶을 살아가야 합니다. 하나님은 우리의 삶 전체를 통하여 영광을 받으십니다. 하나님은 주일 날 드리는 한 시간의 예배만 받으시는 분이 아니십니다.

주일 날 공적인 예배를 드리고 교회 문을 나가면서부터 진짜 생활예배가 시작되는 것입니다. 하나님은 우리가 드리는 한 시간의 예배만 받으시는 분이 아니고, 우리의 삶 전체를 받으시는 분이라는 것을 명심하여야 합니다.

우리가 올려드리는 영적 예배는, 우리 몸을 하나님이 기뻐하시는 거룩한 산 제물로 드리는 것인데, 영적 예배를 드리려면 결국 우리 자신이 죽어야만 가능한 것입니다. 그런데 우리는 너무나 시퍼렇게 살아있다는 것이 문제입니다.

우리의 이성, 자아, 지식, 뜻, 합리적 사고 이런 것들이 죽지 않으면 하나님께서 기뻐 받으실 수 있는 예배를 올려드릴 수가 없게 됩니다. 우리가 성령 충만하지 않으면 우리 자신은 결코 죽을 수가 없습니다. 하나님께서 기뻐 받으시는 영적 예배를 드리려면 우리는 성령의 소욕으로 육체의 소욕을 죽이며 살아갈 때 온전한 예배를 올려드릴 수가 있습니다.

"그러므로 형제들아 내가 하나님의 모든 자비하심으로 너희를 권하노니 너희 몸을 하나님이 기뻐하시는 거룩한 산 제물로 드리라 이는 너희가 드릴 영적 예배니라"(로마서 12장 1절)

신학자 톰 라이트는 "예배는 사랑이다"라고 말했습니다. 우리가 예수님을 정말로 사랑하면, 예수님의 말씀을 사랑하게 되고, 그 말씀을 지키며 살아가게 되고, 그때 우리는 온전한 예배를 올려 드릴 수가 있습니다.

"하나님은 영이시니 예배하는 자가 영과 진리로 예배할지니라" (요한복음 4장 24절)

우리는 지금 코로나19 때문에 전국의 대부분 교회에서 예배드리는 것이 많은 제약을 받고 있습니다. 하나님은 우리가 진정으로 예배를 드리는 것을 너무너무 기뻐 받으시는 분이신데, 지금은 의도적으로 우리의 예배를 받지 않으시는 것 같은 생각이 많이 듭니다.

우리가 하나님을 믿는다고 하면서도, 믿음이 행함으로 나타나지 않는 성숙되지 못한 믿음으로 살아가므로 인하여 우리의 예배를 받지 않으시려고 하는 것은 아닐까 하는 생각이 언뜻언뜻 스쳐 지나갑니다. 이 말씀 앞에 우리 자신의 삶을 잘 돌아보시기 바랍니다.

3. 우리 마음 안에서 계속하여 종교개혁이 이루어져야 합니다.

1517년 독일의 성직자 마르틴 루터가 종교개혁을 하여 지금 우리가 믿는 개신교(기독교)가 탄생하였습니다. 당시에 루터는 부패한 로마 가톨릭교회를 개혁하기 위해 독일의 비텐베르크대학교의 교회 정문에 95개조의 격문을 내걸게 됨으로 종교개혁이 시작되었습니다.

루터가 종교개혁을 한 5대 원리가 있습니다.

첫째는 오직 믿음으로(솔라 피데, sola fide)인데, 오직 믿음으로만 구원을 얻는다는 교리입니다.

둘째는 오직 은혜(솔라 그라티아, sola gratia)인데, 우리의 구원이 우리 자신의 착한 행실이나 의로움 때문이 아니고, 오직 하나님의 일방적이고 절대적인 은혜로만 구원을 얻는다는 교리입니다.

셋째는 '오직 성경으로'(솔라 스크립투라, sola scriptura)인데, 오직 성경만이 최고의 권위를 갖는다는 교리입니다.

넷째는 '오직 그리스도'(솔라 크리스투스, sola christus)인데, 오직 하나님의 아들 예수그리스도를 통해서만 구원을 얻는다는 교리입니다.

다섯째는 '오직 하나님께만 영광'(솔리 데오 글로리아, soli deo gloria)인데, 우리 인생의 목적은 우리를 창조하신 하나님께 영광을 올려드리기 위해서 살아가야 한다는 교리입니다.

개혁이라는 말은 라틴어 동사 '레포르모'에서 나온 말인데, '새롭게 만들다, 다시 형성하다'라는 뜻이 있습니다.

개혁(改革)은 한자로는 '고칠 개(改)' 자와 '가죽 혁(革)' 자를 사용합니다. 우리 자신에게서 개혁이 이루어지려면 가죽이 벗겨지는 고통을 참고 견뎌내야만 진정한 개혁이 이루어지는 것입니다. 우리 자신이 변화된다는 것은 이토록 엄청난 자기희생과 피를 흘리는 고통을 통해서만 이루어지는 것입니다.

지금은 우리 자신에게서 진정한 종교개혁이 이루어져야 할 때입니다. 우리는 우리도 모르는 사이에 세상의 논리와 가치관으로 살아가려고 하는 세속화가 심각한 지경에 이르고 있습니다.

바로 지금 우리 안에서 진정한 종교개혁이 이루어져야 교회가 이 시대의 희망이 되고, 오직 하나님께만 영광을 올려드릴 수가 있을 것입니다.

신을 믿는 것

아무런 열정도
마음의 갈등도
불확실한 것도 의심도
심지어는 좌절도 없이 신을 믿는 사람은
신을 믿는 것이 아니다.
그는 다만
신에 관한 생각을 믿고 있을 뿐이다.

－ 미구엘 드 우나무노 －

7장

네 승진을
하나님께 맡겨라

하나님 승진 좀 시켜주세요

공무원 생활을 하는 동안 승진이 잘되지 않는 직장에서 근무했다. 국립대학은 신이 숨겨 놓은 직장이라고 말할 정도로 근무환경이 좋지만 승진은 상당히 늦은 편이었다. 그러다 보니 승진에 대한 생각을 하지 않을 수 없었다.

어느 날 내 승진을 생각해 보았다.

7급 공채로 시작했지만 승진이 지연된 탓에 여차하면 한 직급 밖에 승진을 못한 채 정년퇴직을 할 수도 있겠다는 생각이 들었다. 아찔했다.

국립대학은 연공서열에 의해 승진을 하게 되는데 내가 근무하는 대학에서 나의 사무관 승진서열은 7번째였다. 그런데 우리 대학에서는 사무관 승진이 2년에 한 명씩만 가능했기에 내가 승진을 하려면 14년을 기다려야 한다는 계산이었다. 40년 이상 공무원 생활을 해도 한 직급 밖에 승진을 못하고 정년퇴직을 할 가능성이 높다는 것을 안 순간, 승진에 대한 욕심이 생겼다.

그러나 다른 길이 보이지 않았다. 구조적으로 승진이 막혀 있으니 어떻게 해 볼 수가 없었다. 당시는 공무원 정원을 동결한 상태였기에 문교부 산하 공무원들의 승진은 아주 심각한 상황이었다.

나는 승진에 대한 고민을 하나님께 맡기고 기도하기로 했다. 당시 우리 부부는 매일 새벽예배에 참석했기에 나는 아내에게도 기도를 부탁했다.

"여보, 지금 내 승진이 완전히 막혀 있는데 우리 내일부터 새벽예배에서 승진시켜 달라고 집중적으로 기도합시다. 다른 길이 전혀 없으니 기도합시다. 하나님께서 어떻게 하시는지 기대하며 기도해 봅시다."

아내와 나는 다음 날부터 '승진' 기도를 시작했다.

"하나님, 제가 아무리 승진을 포기하고 문교부에서 대학으로 내려왔다고 하지만 너무 하시는 것 아닙니까? 어떻게 평생 한 직급 밖에 승진을 못하고 퇴직을 해야 합니까? 하나님 저 승진 좀 시켜주세요. 승진으로 하나님께 영광 좀 돌리게 해주세요."

이렇게 기도를 시작한 지 몇 달이 지나 내가 근무하는 한밭대학교의 사무국장이 바뀌었다. 그런데 새 사무국장은 나와 아는 사람이었다. 내가 7급 공무원으로 문교부로 처음 발령이 났을 때 문교부 총무과에 근무하면서 내 인사기록카드에 발령사항을 직접 쓴 사람이 바로 새 사무국장이었다. 그는 그동안 청와대에서 근무해 다른 사람보다 빨리 승진해 우리 대학 사무국장으로 발령을 받은 것이었다.

새 사무국장이 부임한 지 얼마 되지 않아 대학 내에서 인사발령이 났는데 내가 총무팀장이 되었다. 나는 깜짝 놀랐다. 왜냐면 총무팀장 자리는 사무관 승진을 직전에 두고 있는 가장 고참 주사들이 가는 자리였기 때문이다.

발령 후 총무팀장으로 근무하던 어느 날 새 사무국장이 말했다.

"이 대학에서 7급 공채는 자네 밖에 없고 내가 생각할 때는 사무관 승진 최고 적임자는 자네라고 생각해. 그래서 자네를 승진서열 두 번째에 올려놓으려고하니 그렇게 알게."

나는 곧바로 그렇게 하지 말아 달라고 부탁을 하였다. 이유는 사무국장의 임기는 대부분 1년으로 1년 후면 다른 곳으로 전출을 갈 것이 뻔하고 그렇게 되면 나의 승진서열은 예전 상태로 돌아갈 것이 확실했기 때문이다. 그후에는 선배들의 따가운 눈총을 견뎌야 하기에 "그냥 내버려 두는 것이 좋겠다"라고 진심으로 말했지만 사무국장은 자신의 생각을 꺾지 않고 나를 승진서열 2위에 올려놓고 1년 만에 다른 곳으로 전출을 갔다.

그 뒤에 나는 내 승진순위가 원래대로인 7번째로 옮겨질 줄 알았다. 그런데 사무국장이 여러 차례 바뀌고 총장이 세 차례 바뀌었어도 내 승진순위는 바뀌지 않았다. 다만 "나이 많은 팀장이 있으니 한 사람에게만 순위를 양보해 주면 좋겠다"는 총무과장의 의견에 3번째로 조정이 되었다.

어느 날 교내 행사장에서 우연히 만난 총장은 "김 팀장, 내가 교육부에서 총무과장을 만났는데 자네를 잘 부탁한다고 하던데"라고 말했다.

나는 어안이 벙벙했다.

나는 교육부 총무과장에게 내 승진에 대해 이야기한 적이 없는데 그런 일이 벌어진 것이다. 총무과장은 내가 교육부 양성과에 근무할 때 내 직속 상급자였다. 아마도 내가 근무하는 대학의 총장과 이야기를 하다가 내 생각이 나서 그런 부탁을 한 것으로 생각되었다.

그런데 곰곰이 생각해 보니 그 총무과장이 총장에게 나에 대한 이야기를 한 것이 우연이 아니라는 생각이 들었다.

새벽마다 승진을 위해 기도한 것에 대한 확실한 응답이라는 생각이 들었다. 나를 아는 사람이 갑자기 사무국장으로 왔고 교육부 총무과장이 총장에게 내 이야기를 좋게 한 것은 하나님께서 내 승진에 틀림없이 개입하신 표징이라는 생각이 들었다.

이렇듯 새벽기도의 결과로 나는 고참들과 동료들을 뛰어넘어 예상보다 빨리 승진했다. 그것을 무엇으로 설명을 할 수가 있을까?

믿지 않는 사람들은 이 모든 것이 그냥 우연히 이루어진 일이라고 생각할 수도 있다. 그러나 믿는 성도에게는 결코 우연히 이루어지는 일은 하나도 없는 것이다. 우연은 하나님 말씀대로 살아가는 성도에게 하나님께서 필연적으로 놓아주신 축복의 사다리일 뿐이다.

나는 승진사건 이후에 더 기도에 힘을 쏟았다.

기도의 위력을 제대로 체험했기 때문이다. 내가 만약 세상적인 방법으로 승진하려 했다면 결코 그렇게 빨리 이룰 수 없었을 것이다.

그리고 승진사건을 경험하며 예전의 일이 떠올랐다. 예전에 교육부 기획관리실 행정관리담당관실에서 근무할 때의 일이다. 그때는 교회에 나간 지 얼마 되지 않았을 때라 신앙이 완전히 정립되지 않은 상태였다. 그때만 해도 호랑이가 담배 피우던 시절이라 일주일에 두세 번 저녁마다 회식을 했다. 그러면 술을 마시고 고스톱을 치는 것이 다반사였다.

그런 일이 반복되던 어느 날 마음이 불편했다.

그런 자리에 가는 것 자체가 마음이 편치 않았다. 그렇다고 모든 직원이 가는 곳에 가지 않으면 승진 등 여러 가지 면에서 불리할 것이라는 생각이 들었다. 그렇게 마음이 힘이 들어 하나님께 내 결단을 말씀드렸다.

"하나님, 앞으로 이런 모임에 참석하지 않겠습니다. 저는 하나님 방식으로 승진하고 싶으니 앞으로 제 승진을 꼭 책임져 주시옵소서"라며 승진을 하나님께 맡겼다.

그 뒤 정말로 하나님의 방식으로 내 승진이 이루어지는 것을 보게 하셨다.

우리가 어떤 마음으로 우리의 문제를 바라보는가는 너무나 중요하다. 내 방식으로 해결할 것인가? 아니면 하나님 방식으로 해결할 것인가? 우리 방식으로 하면 문제가 빨리 해결될 것 같은 생각이 들 수도 있다. 그러나 하나님 방식으로 할 때 인생의 지름길로 간다는 것을 정확히 알아야 한다.

할렐루야, 살아계신 하나님을 찬양합니다! 아멘.

예수님과의 산책

1. 기도는 무엇입니까?

기도는 성도의 특권인 동시에 의무입니다. 기도는 한마디로 하나님과 인간과의 대화입니다. 우리를 위하여 십자가에서 죽어주신 예수님께서 예수님의 이름으로 기도를 하라고 명령을 하셨습니다.

그것도 필요할 때만 하라고 하지 않으시고, 쉬지 말고 기도하라고 하셨습니다.

"항상 기뻐하라, 쉬지 말고 기도하라, 범사에 감사하라 이것이
그리스도 예수 안에서 너희를 향하신 하나님의 뜻이니라"(데살
로니가전서 5장 16절-18절)

그런데 쉬지 말고 기도하라가 항상 기뻐하라와 범사에 감사하라의 중간에 들어가 있습니다. 우리가 항상 기도하지 않으면 항상 기뻐하는 삶과 모든 일에 감사하는 삶을 결코 살아갈 수가 없다는 뜻일 것입니다. 우리가 쉬지 말고 기도하는 것이 하나님의 뜻이라고 하셨습니다. 그래서 기도는 성도의 특권인 동시에 의무인 것입니다.

"너희가 내 이름으로 무엇을 구하든지 내가 행하리니 이는 아버
지로 하여금 아들로 말미암아 영광을 받으시게 하려 함이라 내
이름으로 무엇이든지 내게 구하면 내가 행하리라"(요한복음 14

우리는 기도를 잘못 생각하기 쉬운데, 무당이 푸닥거리하듯이 지성이면 감천이다 하는 식의 기도는 옳은 기도가 아닙니다. 기도는 하나님의 뜻을 찾는 것이고, 그 뜻에 순종하는 것입니다. 기도는 우리의 뛰어난 언변으로 하나님을 설득하는 것이 아니고, 하나님께 설득을 당하는 것입니다. 기도를 하면 할수록 우리는 하나님께 설득을 당하여 하나님의 뜻을 알고, 하나님의 뜻에 순종하게 됩니다.

우리는 기도하면 할수록 복음과 함께 고난을 받는 길로 스스로 나아가게 되고, 우리 자신의 십자가를 기쁜 마음으로 질 수 있으며, 좁은 길로 스스로 걸어가게 됩니다. 그러나 기도하지 않으면 우리는 만사형통을 추구하고, 만수무강을 구하며, 넓고 순적한 길로만 가려고 합니다.

뛰어난 설교가인 조지 트루엣은 "인간이 가질 수 있는 가장 위대한 지식은 하나님의 뜻을 아는 것이고, 가장 위대한 성취는 하나님의 뜻을 행하는 일이다"라고 하였습니다.

그렇기 때문에 가장 위대한 기도는 하나님의 뜻을 찾는 것이고, 기도를 통하여 알게 된 하나님의 뜻을 이루어 드리는 삶을 살아갈 때 우리는 이 세상에서 가장 위대한 삶을 살아갈 수가 있는 것입니다.

하나님은 우리의 기도에 반드시 응답을 해 주시는 분이십니다. 만약에 응답이 없으시다면 그것은 우리가 구한 것보다 더 좋은 것으로 응답을 주시기 위함인 것입니다.

"구하라 그리하면 너희에게 주실 것이요. 찾으라 그리하면 찾아낼 것이요. 문을 두드리라 그리하면 너희에게 열릴 것이니, 구하는 이마다 받을 것이요 찾는 이는 찾아 낼 것이요, 두드리는 이에게는 열릴 것이니라. 너희 중에 누가 아들이 떡을 달라 하는데 돌을 주며, 생선을 달라하는데 뱀을 줄 사람이 있겠느냐. 너희가 악한 자라도 좋은 것으로 자식에게 줄 줄 알거든 하물며 하늘에 계신 너희 아버지께서 구하는 자에게 좋은 것으로 주시지 않겠느냐"(마태복음 7장 7절-11절)

2. 기도는 왜 하여야 합니까?

첫째, 하나님은 우리의 기도를 통하여 하나님을 알아가기를 원하십니다.

우리가 정욕으로 구하지 않는 기도는 반드시 응답을 주신다고 말씀하고 계십니다. 하나님의 응답에는 세 가지가 있는데, 바로 들어주실 때가 있고, 기다리라고 하실 때도 있고, 들어주지 않으실 때도 있습니다. 하지만 들어주시지 않는 것도 응답이십니다. 우리가 기도할 때 하나님의 응답을 통하여 하나님을 더욱 깊이 바르게 온전히 알아갈 수가 있는 것입니다.

둘째, 하나님은 기도를 통하여 우리와 친밀한 관계 속에서 교제하기를 원하십니다. 성도에게 있어서 친밀은 하나님과의 관계에 있어서 가장 중요한 것 중의 하나입니다. 하나님과의 친밀한 교제는 우리가 드리는 예배, 헌금, 전도, 충성, 찬양 이런 모든 것들보다도 더 중요한 것입니다. 왜냐면 하나님을 정말로 사랑할 때 친밀한 교제가 가능하기 때문입니다.

셋째, 기도는 쌓입니다.

우리가 하나님께 올려드리는 기도는 어디로 사라지는 것이 아니고, 모두 하나님께 올라가서 쌓이게 됩니다. 기도가 쌓이면 응답이 돼서 내려오고, 하나님의 일하심을 보게 됩니다. 그래서 나는 매일 4시간씩 기도의 시간을 채우려고 노력을 합니다.

3. 기도로 승리한 사람들

어거스틴 어머니 모니카의 기도

어거스틴은 당시 로마 제국의 식민지였던 북아프리카의 작은 마을인 타가스테의 평범한 집안에서 태어났습니다. 아버지는 이교도였고, 어머니 모니카는 예수님을 잘 믿는 그리스도인이었습니다.

어린 시절 어거스틴은 한 마디로 죄와 쾌락을 즐기며 방탕한 삶을 살았던 사람입니다. 열일곱 살 때 고향을 떠나 큰 도시인 카르타고에서 십여 년 동안 살면서, 이름도 모르는 낯선 여자와 동거하며 쾌락의 삶을 살았습니다.

또한 마니교라는 이교 신앙에 빠지기도 하였고, 스물여덟 살 때는 당시의 가장 큰 도시인 로마로 갔습니다. 그의 타락한 삶은 31살이 될 때까지 계속되다가, 밀란의 감독인 암브로즈를 만나 침례를 받고 성도로서 온전한 변화가 일어나기 시작합니다.

그 이후 그는 북아프리카로 들어가 아프리카 사람들을 위해 살기 시작했습니다. 그는 못 배우고, 어려운 사람들을 하나님께로 많이 인도하였습니다. 그리고 히포의 감독으로 활동하면서, 하나님께로 갈 때까지 하나님을 더욱 깊이 바르게 알고자 진리를 탐구하는 일에 전심으로 노력을 하였습니다.

그는 자신이 그렇게 방탕하고 타락한 삶에서 돌이킬 수 있었던 것은 오로지 어머니 모니카의 기도 때문이라고 고백하였습니다. 그리고 하나님께서 그에게 진리 발견이 무엇보다 중요하다는 마음, 그밖에 아무것도 바라지 않고, 그밖에 아무것도 생각하지 않고, 그밖에 아무것도 사랑하지 않는 마음을 주신 것은 어머니의 기도 덕분이라고 말하였습니다.

어머니 모니카는 어느 날 아들의 문제로 감독과 상담을 할 때, 감독으로부터 "기도하는 자녀는 결코 망하지 않는다"라는 말을 듣고, 그 말을 마음 판에 새기고 중단 없이 기도에 전념하였는데, 그 기도가 열매를 맺은 것입니다.

기도는 쌓여서 반드시 열매를 거두게 됩니다. 어거스틴은 그의 저서 「고백록」에서 어머니 모니카를 일컬어 '눈물로 기다리는 분'이라고 일컬으면서 이렇게 고백하였습니다. "하나님이여, 제가 아버지의 아들이 되었다면 그것은 오직 아버지께서 제게 이런 어머니를 주셨기 때문입니다."

미국에서 가장 존경받는 링컨 대통령의 기도

전광 목사가 쓴 「백악관을 기도실로 만든 대통령 링컨」에 보면, 이런 내용이 나옵니다. 링컨이 10살이 되던 해인 1818년 10월 5일, 어머니 낸시 행크스가 풍토병으로 죽어가면서 어린 링컨에게 이런 유언을 남깁니다.

"사랑하는 에이브(링컨의 애칭)야! 이 성경책은 내 부모님으로부터 물려받은 것이다. 내가 여러 번 읽어 많이 낡았지만, 우리 집안의 값진 보물이란다. 나는 너에게 100에이커의 땅을 물려주는 것보다 이 한 권의 성경책을 물려주는 것을 진심으로 기쁘게 생각한다. 에이브야! 너는 성경을 부지런히

읽고, 성경 말씀대로 하나님을 사랑하고 이웃을 사랑하는 사
람이 되어다오. 이것이 나의 마지막 부탁이다. 약속할 수 있
겠니?"

링컨은 어머니 유언에 따라 성경 말씀대로 살아가려고 최
선의 노력을 합니다. 링컨은 일평생 진심으로 하나님을 사랑
하였고, 또한 이웃을 향하여서도 정직한 삶, 따뜻한 배려와
사랑이 넘치는 삶, 화평과 오래 참음 그리고 자비와 온유의
삶을 살아갔습니다.

그러나 무엇보다도 중요한 것은 링컨은 항상 기도의 사람
으로 살아갔다는 것입니다. 노예해방을 위해 남북 전쟁을 할
때 링컨의 북군에는 훌륭한 장군이 없었지만, 남군에는 제갈
공명같이 탁월한 장군이 있었습니다. 전쟁의 상황이 북군에
게 불리해지자 링컨은 1863년 4월 30일을 금식 기도일로 정
하고 국민들에게 기도에 동참할 것을 호소하고 합심하여 기
도하였습니다.

그는 병사들을 위로하기 위해 전쟁터를 종종 찾았는데, 그
때마다 간절히 기도하였습니다. 그가 기도하는 시간이면 사
령부 막사에 손수건이 걸려 있었다고 합니다. 링컨은 종전 이
후 이렇게 고백했습니다. "북군의 승리는 기도로 인한 것입니
다. 우리에게 오히려 명장이 없었던 것이 다행이었습니다. 그

러기에 우리는 하나님께 더욱 간절히 기도할 수 있었기 때문입니다."

그 뒤에 링컨 대통령은 무수히 많은 환난을 이기고 미국의 16대 대통령이 되었는데, 지금도 미국인들이 가장 존경하는 대통령입니다. 더욱 놀라운 것은 링컨의 어머니가 링컨에게 물려준 그 낡은 성경책이 지금도 미국 대통령이 새로 선출되어 대통령 선서를 할 때, 그 성경책 위에 손을 올려놓고 선서를 하는 성경책이 되었다는 것입니다. 이 얼마나 영광스러운 일입니까?

그 사랑

세상이
만들어지기 전에
측량할 수 없는
그 사랑이 있었네.

하나님의 본체가
사람의 모양으로
내려오는
그 사랑이 있었네.

완전한 사람
완전한 하나님이
십자가에 매달리는
그 사랑이 있었네.

하나님의 공의와
하나님의 사랑이
입맞춤한
그 사랑이 있었네.

누구든지
믿으면
그 사랑 안에
영원히 거하네.

– 김일묵 –

8장

너는 가부간에 말하지 말거라

아네요, 아빠.
우리는 저 밑에 있는 작은 교회를 다닐 거예요

1993년 12월에 대전 엑스포가 종료되면서 우리 가족은 대전에서 살게 되었는데 그때 교회를 선정하는 것이 쉽지 않았다. ○○○교회에 가보기도 하고 괜찮다는 교회에 가보기도 하고 집에서 멀지 않은 △△교회에 가보기도 했지만 좀처럼 교회를 정할 수가 없었다.

내 생각으로는 대전으로 가기만 하면 하나님께서 우리에게 딱 맞는 교회로 바로 인도해 주실 것이라고 기대했는데 현실은 그렇지가 않았다. 우리 가족은 교회를 정하지 못해 기도하고 있었다. 그러다가 "집에서 걸어갈 수 있는 거리의 교회로 정하자"라는 원칙을 만들었다.

그때 우리에게는 자가용이 없었기 때문에 '버스를 타고 다니는 것은 힘들다'는 것과 평상시 '교회는 집에서 가까울수록 좋다'라는 생각이 있었기 때문이다.

그런데 집에서 걸어서 15분 정도 되는 곳에 이제 막 새로 지은 교회가 있었다. 그 교회는 성도가 많지 않은 작은 교회였다. 건물도 잘 지은 것이 아니라 언뜻 보아도 성도들이 힘들게 지은 것처럼 보였다.

그 교회는 참석하는 성도가 장년이 40여 명 정도 되었다. 평소 나는 우리 아이들이 교육시스템이 잘 완성된 어느 정도 규모가 있는 교회에 다니기를 원했다. 그래야 아이들이 신앙교육을 제대로 받을 거라고 생각했다.

나는 그 교회 바로 위의 00교회에 출석하면서 그 교회에 대하여 알아보았다. 성도는 4백여 명 정도 되었고, 마침 고향 선배 한 명이 남 전도회장으로 섬기고 있었다. 그런 이유로 나는 그 교회에 출석하기로 마음을 굳히고 있었다.

아내와 상의 끝에 그 교회에 등록하는 날이었다. 등록서를 작성해 여자전도사에게 전달하려고 하다가 초등학교 6학년인 아들과 3학년인 딸에게 이렇게 말했다.

"애들아, 우리 오늘부터 이 교회에 다니는 거야."

아이들이 보는 데서 교인 등록서를 전도사에게 전해주었다.

그런데 놀랍게도 두 아이가 동시에 "아니요, 아빠 우리는 저 밑에 있는 작은 교회를 다닐 거예요"라는 것이다. 나는 깜짝 놀랐다. 몇 달 동안 교회를 위해 기도하면서 찾아다니다 이제 등록하려는데 아이들이 동시에 같은 말로 아니라고 하니 당황할 수밖에 없었다.

전도사에게 전달한 등록서를 다시 받아들고는 '아이들이 이렇게 말을 하는 것을 보니 하나님의 뜻이 이 교회가 아닌가 보다'라는 생각이 들었다. 우리는 그다음 주에 작은 교회에 출석했다.

우리가 출석한 첫날 담임목사님과 면담을 했다. 이런저런 이야기를 하다가 "일꾼을 보내 달라고 집중적으로 기도하고 있었는데 바로 적임자가 왔다"라며 "우리 교회에서 같이 신앙 생활하자"라고 강하게 권하셨다.

그날 우리 가족은 교회에 등록을 하고 나는 바로 중·고등부 부장 겸 설교자로, 아내는 유·초등부 교사와 수요일 피아노 반주자로 섬기게 되었다.

그런데 그 교회에서 신앙생활을 하면서 새로운 고민이 생겼다. 교회의 재정에 관한 문제였는데 내 생각으로는 담임목사님이 물질 문제를 하나님께 온전히 맡기지 못하는 것 같아서 마음이 아팠다.

담임목사님은 다른 모든 면에서 흠잡을 것이 없는 좋은 분이셨다. 그런데 유독 물질 부분에 대해서는 조금 약한 편이었다. 우리 교회가 작아 많지 않은 재정 안에서 최선을 다해 섬긴다고 하는데도 담임목사님은 자신의 사례금이 부족하다고 생각하는 것 같았다. 나는 참으로 난감했다. 아마도 성도가 바라보는 관점과 목회자가 바라보는 관점이 달랐기에 벌어진 일이라고 생각했다.

그런 갈등 속에서 신앙생활을 하고 있었는데 작은 교회에서 중·고등부 부장과 남 전도회장 그리고 재정을 담당하다 보니 안수집사를 거쳐 빠르게 장로로 선발되었다. 장로투표에서 다수의 표로 선발이 되었는데 '장로가 되면 재정 등의 문제에 대해 목회자에게 올바른 말을 해 달라는 마음으로 성도들이 표를 몰아준 것'이라는 생각이 들었다.

장로로 선발된 후 주일 예배에 참석하기 위해 교회로

가고 있는데 길에서 갑자기 세미한 소리로 하나님께서 찾아오셨다.

"너는 가부간에 말하지 말거라."

나는 너무도 놀랐지만 하나님께서 왜 그런 말씀을 하시는지 그 의도를 알 수가 있었다.

장로가 되었다고 담임목사님께 재정에 관하여 이러니저러니 말을 할까 봐 염려스러우시기에 미리 경고의 말씀을 주신 것이었다. 나는 많이 혼란스럽고 당황스러웠다.

"하나님, 담임목사님께 정당한 요구를 하는 것도 안 되나요? 목사님이 물질에 좀 과한 욕심을 내시는 거 하나님도 아시잖아요?"라고 항변하고 싶었다.

그러나 하나님께서 음성으로 들려주셨기 때문에 담임목사님께 가부간에 말을 하지 않으려고 애를 썼다. 그리고 말씀을 통하여 은혜만 받으려고 부단히 노력했다. 그러나 어느 때는 은혜가 되지 않을 때도 있었다. 담임목사님이 "물질을 초월해서 살아라"는 말씀을 선포할 때는 더욱 그랬다.

목사의 삶은 얼마나 중요한가?

목사는 성도들에게 예수님을 보여주어야 한다. 이 시대의 사람들이나 성도들이 어디에서 예수님을 닮은 사람을 만날 수 있을까?

목사에게서도 예수님의 모습을 보지 못한다면 어디에서 예수님을 닮은 사람을 찾을 수 있단 말인가.

나는 오늘도 마음의 옷깃을 여민다. 나에게서 예수님 닮은 모습이 보이지 않을까 봐, 그것이 가장 두렵다. 나는 오늘도 하나님께만 내 눈과 마음을 고정시키기 위해 노력하고 있다.

1. 교회란 무엇입니까?

예수님께서 어느 날 제자들에게 "너희는 나를 누구라고 생각하느냐?"라는 질문에 수제자 베드로는 "주는 그리스도시요 살아계신 하나님의 아들입니다"라고 만점짜리 대답을 하였는데, 이 베드로의 신앙고백 위에 세워진 믿는 자의 공동체를 교회라고 합니다.

교회를 잘 알지 못하는 사람들은 교회 건물을 교회라고 생각하지만, 교회 건물은 예배당일 뿐 교회는 아닙니다. 교회는 예수 그리스도를 구주와 주님으로 영접한 구원받은 성도들이 함께 모여서 예배드리고, 말씀을 배우기도 하고, 가르치기도 하며, 교제하며, 봉사하며, 복음을 전파하는 모임이 바로 교회입니다.

교회는 헬라어로 '에클레시아'라고 하는데, '불러냄을 받은 무리들'을 말합니다.
"교회는 그의 몸이 만물 안에서 만물을 충만하게 하시는 이의 충만함이니라"(에베소서 1장 23절)
"그는 몸인 교회의 머리시라"(골로새서 1장 18절)
"너희는 그리스도의 몸이요 지체의 각 부분이라"(고린도전서 12장 27절)

교회의 기초는 예수님이시고, 예수님이 교회의 유일한 주인이십니다. 교회의 주인은 목사도 아니고, 성도도 아닙니다. 예수그리스도는 교회의 머리이시고, 교회는 몸이며, 신자는 지체로서 유기체처럼 서로 연합되어 있는 것입니다.

교회는 예수 그리스도가 세우셨습니다.
"내가 이 반석 위에 내 교회를 세우리니 음부의 권세가 이기지 못하리라"(마태복음 16장 18절)

2. 교회의 사명은 무엇입니까?

첫째는 땅끝까지 그리스도의 증인이 되는 것입니다.
"오직 성령이 너희에게 임하시면 너희가 권능을 받고 예루살렘과 온 유대와 사마리아와 땅끝까지 이르러 내 증인이 되리라 하시니라"(사도행전 1장 8절)

둘째는 모든 민족으로 제자를 삼는 것입니다.
"그러므로 너희는 가서 모든 민족을 제자로 삼아 아버지와 아들과 성령의 이름으로 세례(침례)를 베풀고 내가 너희에게 분부한 모든 것을 가르쳐 지키게 하라. 볼지어다 내가 세상 끝날까지 너희와 항상 함께 있으리라"(마태복음 28장 19절-20절)

3. 성도와 목회자는 서로를 어떻게 대하여야 합니까?

하나님께서 내 마음속에 확신 같은 생각을 주셔서 성도가 목사를 어떻게 대하여야 하는지 알려주셨습니다. 목사는 성도의 것이 아니고, 하나님의 것이라고 하셨습니다. 목사는 하나님의 것이기에 목사가 잘못하면 하나님께서 친히 말씀하시고, 다스리신다고 하셨습니다.

목사에게 벌을 줘도 하나님께서 직접 주시고, 가르칠 일이 있어도 하나님께서 친히 하신다고 알려주셨습니다. 그러니 너는 목사에게 가부간에 말하지 말라고 하셨습니다. 그렇습니다. 우리 성도가 하나님의 것에 손을 대면 월권이 되는 것입니다.

목사와 성도의 관계는 높고 낮은 개념이 아닙니다. 기능상의 차이가 있고, 질서의 개념이 있을 뿐입니다. 목사는 성도들의 선한 관리자로서 목양할 책임을 맡은 사람입니다. 그런 면에서 성도는 목회자의 말에 순종하여야 합니다. 목회자와 성도는 서로 사랑으로 섬기고, 서로 높여 주는 관계입니다.

막상 내가 목회자가 되니까 참으로 두렵고 떨립니다. 목사의 길은 두려운 영광의 길입니다. 정말 내 모습 속에서 예수님의 모습이 나타나고 있을까? 늘 고민해 보지만 자신은 없습니다.

우리 교회 새벽예배에 가끔 나오지만 다른 교회에 소속된

서 권사가 나에게 이런 말을 해 준 것이 기억에 남습니다.

"목사님, 목사는 70%만 보고 하나님께서 쓰신 다네요."

그 말을 들었을 때 '그럴 만도 하다'라는 생각이 들었지만, 생각해 볼수록 등골이 서늘한 생각이 듭니다.

목사가 얼마나 자질이 부족하면 70%만 보고 쓰실까? 하나님의 고민과 아픔이 마음에 저며 오는 것 같았습니다. 대한민국 땅에서 80% 목사, 90% 목사를 발견할 수가 없어서 70%만 보고 목사를 사용하고 계신 것 같아서, 너무나 송구스러운 마음이 들었습니다.

목사는 성도들에게 늘 뒷모습으로 본을 보여주어야 하는 직분을 가진 사람입니다. 목사는 늘 하나님과 동행하며, 생각하고 말하고 행동하는 모든 면에서 본을 보여줘야 하는 사람인 것입니다.

예수님이라는 큰 바위 얼굴에 나의 눈과 마음을 고정하고 살아가다 보면 나의 얼굴이 언젠가 예수님의 얼굴로 변화되어 있을 것이라는 생각을 감히 해 봅니다.

웃어야 할지, 울어야 할지…

성도들이 죽어서 천국에 들어올 때마다 예수님은 보좌에서 일어나셔서 성도들을 끌어안으시고 "착하고 충성된 종아 어서 오너라"라고 하시면서 열렬히 환영을 해 주셨습니다. 그런데 어느 날 어떤 목사가 도착하자 예수님께서는 보좌에서 일어나시지도 않으시고, 그냥 "너 왔냐?"라고 하시더랍니다.

그래서 한 성도가 예수님께 "예수님, 저 목사님은 세상에서 목회할 때 복음 전도를 위하여 엄청나게 고생을 많이 하신 분입니다. 그런데 어떻게 일어나시지도 않고 마지못해 환영을 하십니까?"라고 여쭈었습니다.

그러자 예수님께서 "내가 보좌에서 일어나면 저 목사가 내 자리에 앉을까 봐 그런다"라고 말씀을 하시더랍니다.

태초의 아침

봄날 아침이 아니고
여름, 가을, 겨울
그런 날 아침도 아닌 아침에

빠알간 꽃이 피어났네.
햇빛이 푸른데

그 전날 밤에
그 전날 밤에
모든 것이 마련되었네.
사랑은 뱀과 함께
독은 어린 꽃과 함께.

– 윤동주 –

9장

너는 미자립교회에 가서 무보수로 헌신하라

갑자기 신학대학원에 들어가다

대전에 있는 교회에서 장로로 헌신하고 있을 때의 일이다. 그 교회에서 권사로 헌신할 일꾼들을 선발하여 임직식을 앞두고 있었다. 나는 장로로서 임직식 행사를 일정 부분 관여하게 되었다.

그래서 권사로 임직될 예정인 한 집사와 행사와 관련해 통화하며 이렇게 부탁했다.

"집사님, 앞으로 권사님이 되시니 다른 성도들을 배려

하는 차원에서 새벽 기도시간에 방언 기도 소리를 조금 작게 하시면 어떨까요? 그것이 어려우면 기도실 옆에 있는 다른 방에서 혼자 큰소리로 하셔도 좋을 듯하고요."

나는 아주 조심스럽게 말을 꺼냈다. 그러자 집사님은 흔쾌히 "장로님 말씀이 맞습니다. 그렇게 하겠습니다"라고 답했다. 나는 안도의 숨을 쉬었다.

집사님은 방언 기도를 받은 후 새벽 기도시간마다 아주 크게 방언 기도를 했기에 작은 기도실에서 같이 기도하는 20명 내외의 성도 중 불만을 호소하는 이들이 있었다.

나는 이 문제를 어떻게 해결할까 고민하다가 집사님이 목소리를 조금 낮추어서 방언 기도를 하던지, 바로 옆 방에서 방언 기도를 하면 될거라고 생각해 부탁했는데 문제가 잘 해결되어 마음이 아주 흡족했다.

사실 방언 기도를 크게 하는 것은 성경적으로 볼 때 큰 문제가 없다. 다만 같이 기도하는 성도들이 불편을 느끼는 게 문제였다.

문제 해결의 만족감은 이틀 정도 후 들려온 이상한 소리에 사그라들었다. 집사님이 우리 교회를 떠나기로 했다는 것이다. 이유는 "교회가 기도도 큰소리로 못하게 한다"는 것이었다. 나는 망치로 머리를 얻어맞은 기분이었다.

시간이 흘러 임직식을 코앞에 두었지만 교회를 옮기겠다는 집사님의 마음은 바뀌지 않았다. 나는 여러 방법을 동원해 문제를 해결하려고 노력했지만 길이 보이지 않았다. 내 모습이 다급해 보였던지 아내는 3일간 금식기도를 시작했다. 나 역시 이 문제를 놓고 집중 기도를 시작했다.

아내는 금식기도를 마치자마자 집사님을 찾아가겠다고 했다. 그것이 마지막 기회라고 생각한 것이다.

3일 후 아내는 집사를 만났다.

그리고는 내게 곧바로 전화를 했다. 오후 1시 10분이었다. 아내는 "아무리 설득을 해도 교회를 떠나겠다는 생각을 바꾸지 않는다"라고 전했다.

아내와 전화 통화를 마치는 순간 내 입에서 나도 모르게 이상한 말이 흘러나왔다.

"하나님, 이 사건을 해결해 주시면 내가 신학대학원을 졸업한 다음에 미자립교회에 가서 무보수로 헌신하겠습니다. 혹시 사례금을 줘도 내 개인적인 용도로 사용하지 않고 하나님 사업을 위해서만 쓰도록 하겠습니다."

평상시에 전혀 생각지도 않은 말이었기에 나는 깜짝 놀랐다.

그러나 말은 이미 내 입 밖으로 나온 상태였다. 그날은 수요일이었고 3일 후 토요일은 임직식을 하는 날이었다. 바로 다음 날은 임직식 행사에 필요한 안내장 인쇄를 맡겨야 하는 날이었다.

그런데 오후 5시경 아내가 다시 전화를 했다.

"집사님이 마음을 바꿔 교회를 떠나지 않겠다며 예정대로 임직식에 참석하신대요."

나는 너무나 감사했다. 나로 인해 임직식이 엉망이 될 뻔했는데 잘 해결되었으니 얼마나 감사한 일인가? 서원 기도를 드리고 3시간 50분 만에 문제가 해결된 것이다.

마침 수요일이었기에 수요예배에 참석해 예배를 드린 후 담임목사님께 그날의 일과 함께 그동안의 일을 말씀드렸다. 또 내가 서원 기도를 드린 일을 알려드리며 이럴 때는 어떻게 해야 하는지 의견을 여쭈었다.

그러자 담임목사님은 "절대자와의 약속이니 지켜야 한다"며 "신학대학원에 가라"고 말씀하셨다. 이렇게 갑자기 나는 신학대학원에 들어가게 되었다.

'내가 왜 갑자기 신학대학원에 들어가야 하지? 내가 왜 목사가 되어야 하지?'라는 생각이 들었다.

나로서는 고민의 시간이었다. 그러면서 "하나님 이건 아니잖아요. 저는 장로는 몰라도 목사는 못 합니다. 하나님도 잘 아시잖아요. 제가 대인공포증이 있어서 교사도 못 했는데 어떻게 목사를 합니까? 말도 안 됩니다"라고 불만스럽게 아뢰었다.

하나님은 아무런 응답이 없으셨다.

나는 할 수 없이 신학대학원을 알아보았다. 내가 정상적으로 신학대학원에 들어가려면 내가 다니던 교회 소속 대학원으로 들어가야 하는데 그러려면 직장에 사표를 내야 하는 상황이었다.

그래서 할 수 없이 교단을 바꿔 야간과정이 있는 대전의 침례신학대학원을 알아보았다. 그런데 공교롭게도 원수접수 마감이 이틀밖에 남지 않은 것이었다.

바로 다음 날은 진주의 대학에 출장이 있었기에 원서접수 마지막 날 서둘러서 원서를 접수했다. 시험과목은 영어, 논문, 성경 고사 이렇게 세 과목이었다.

내 마음 한구석에서는 '하나님께서 들어가라고 하셨으니 떨어지지는 않을 거다'라는 생각이 들었다. 영어와 논문은 다른 사람에 비해 약한 편이 아니었기에 성경 고사만 집중적으로 공부하면 충분히 합격할 거라는 생각이 들었다. 결과는 내 예상대로 합격이었다.

갑자기 신학대학원에 입학한 후 한 학기 동안은 하나님께 질문하는 시간이었다.

"하나님 저 사람들은 다 준비된 사람들이지만 저는 아

무런 준비가 안 되었습니다. 저는 서원 기도 때문에 어쩔 수 없이 이 자리에 오기는 했지만 아무래도 목사는 못 할 것 같습니다."

한 학기 동안 수업시간 중에도 종종 하나님께 이런 기도를 올려 드렸다.

그러던 어느 날 묵상 시간(QT)을 갖고 있는데 하나님께서 "내가 너를 준비해서 쓸 것이다"라는 강력한 확신을 주셨다.

나는 이 확신을 주신 하나님 앞에 순종하기로 했다.

"하나님 저같이 부족한 사람을 준비해서 사용하신다니 그렇게 하시옵소서"라고는 더 이상 내 부족함과 내 입장만 생각해서 하나님의 뜻에 불순종하는 것을 그만하기로 했다.

그러면서도 한편으로는 하나님께 이런 질문을 했다.

"하나님, 저는 친구들보다 훨씬 못한 종입니다. 고등학교 친구 중에 이OO, 한OO 같은 친구들은 저보다 더 깨끗하고 의롭게 살았고 더 뛰어나고 성품도 좋아 보이는데 왜 그런 친구들은 쓰시지 않고 저같이 부족한 사람을 쓰십니까?"

하나님으로부터 답을 얻지 못하자 '하나님은 외부적으로 드러난 뛰어남을 보시는 것이 아니라 우리 안에 우리가 모르는 하나님만이 아시는 그 무엇인가가 있기 때문에 사용하시는 것인가?'라는 생각을 했다.

아직도 그 이유를 잘 모르기에 먼 훗날 하나님 앞에 가면 꼭 여쭤볼 생각이다.

시간이 지난 후 하나님께서는 방언 기도를 작게 하라고 한 것은 잘못된 것임을 알려주셨다. 이유는 영적인 것이 육적인 것을 능가한다는 것이었고 하나님께 기도하는 것이 중요하다는 것을 알려주셨다.

시간이 지나고 보니 이 모든 것이 하나님께서 하신 일들이었다. 그리고 나를 목사로 만들기 위해 집사님을 사용하신 것이라는 생각이 들었다. 하나님 안에서 합력하여 선을 이루었다는 생각에 마음이 뿌듯했다.

그 사건 있은 지 4년 후에 나는 하나님의 은혜로 내 목사 임직식에 기쁜 마음으로 참석했다.

우리 인생은 우리 마음대로 우리 계획대로 되는 것이 아니라는 생각이 든다.

내가 섬기고 있는 서정교회에도 인생은 계획대로 되는 것이 아니라는 것을 보여주시는 분이 있다. 그분은 90살이 다 된 김기용 장로님이다.

김 장로님은 평안북도 강계 출신으로 출신성분이 뛰어

나 젊은 시절 북한에서 특수부대에 차출되었고 특수훈련 후 북한에서 대한민국으로 침투하는 간첩들을 인솔하는 북한군 대위였다.

김 장로님은 서해바다를 통해 군산과 목포 그리고 개성지역으로 간첩을 인솔해 여러 명 침투시키는 일을 하다가 32살 때 생포되어 서대문 형무소와 대전 형무소를 거쳐 대구 형무소에서 복역을 했다.

김 장로님은 오랫동안 전향을 하지 않아 3년 동안 독방에서 무릎을 꿇고 생활한 바람에 지금도 두 다리가 온전치 못해 걸음이 많이 불편하다.

김 장로님은 서정교회를 개척한 이병욱 목사님과 형무소에서 자매결연을 맺고 전향해 20년 만에 풀려나서 지금은 서정교회를 열심히 섬기는 장로가 되셨다. 간첩을 침투시키던 북한군 장교가 우리나라에 와서 하나님을 믿고, 장로가 될 줄 그 누가 알았을까?

"다른 이로써는 구원을 받을 수 없나니 천하 사람 중에 구원을 받을 만한 다른 이름을 우리에게 주신 일이 없음이라"(사도행전 4장 12절)

예수님과의 산책

1. 인생은 무엇입니까?

인생은 하나님께서 우리 각자에게 주신 사명을 이루어 드리는 삶의 기간이라고 생각합니다. 그러므로 하나님께서 우리 자신에게 맡겨주신 사명을 완수하였다면 우리는 진짜 성공한 인생을 산 것이 될 것입니다.

우리가 우리 자신의 사명을 다 이루고 주님 앞에 갔을 때 "주님 제가 주님께서 주신 사명을 잘 완수하고 왔습니다. 저는 1달란트 받은 사람이지만 하나님께서 함께해 주셔서 2달란트를 남겼습니다"라는 고백을 우리 모두가 할 수 있기를 소망해 봅니다.

우리에게 주신 사명을 완수하기 위해 우리는 항상 근신하고 깨어서 기도하는 삶을 살아야 합니다. 하루하루를 마지막 날인 것처럼 종말론적인 삶을 살다가, 주님 앞에 갈 날이 가까이 왔을 때, "하나님, 여기까지 함께 해 주셔서 감사합니다. 이제 제가 사명을 다 마치고, 주님께로 가니 저를 받아주옵소서"라고 고백할 수 있다면 얼마나 아름다울까요? 우리 모두 이런 아름다운 고백을 할 수 있게 되기를 소망합니다.

2. 가장 잘사는 인생은 어떤 인생일까요?

메멘토 모리(Memento Mori)라는 말이 있는데, 이 뜻은 "너는 언젠가 죽는다는 것을 생각하라"라는 라틴어입니다. 로마라고 하는 나라는 전쟁을 많이 했는데, 전쟁에서 승리한 장군이 시가행진을 할 때, 개선장군의 행렬 뒤에 노예들을 배치하여 "메멘토 모리, 메멘토 모리"라고 큰소리로 외치도록 했다고 합니다.

'당신이 오늘은 승전한 개선장군이지만 언젠가는 반드시 죽는다는 것을 기억하라, 오늘 전쟁에서 이겼다고 교만하지 마라, 당신은 언젠가는 죽는다는 것을 기억하고 겸손하라'는 의미가 담겨 있는 것입니다.

지혜가 있는 사람은 세 가지를 잊지 않고 살아가야 합니다.

첫째는 인간은 반드시 죽는다는 것을 기억하며 살아가야 합니다. 우리 자신이 죽는다는 것을 기억하며 살아가는 사람은 인생을 함부로 살아가지 않습니다. 죽음을 의식하며 살아가는 사람은 하루하루를 마지막 날인 것처럼 최선을 다하여 살아갑니다.

"한번 죽는 것은 사람에게 정해진 것이요 그 후에는 심판이 있으리니"(히브리서 9장 27절)

하나님의 심판대 앞에 우리 자신이 어떤 모습으로 설 것인가를 인식하며 살아가는 지혜가 있기를 바랍니다.

둘째는 인생은 공수래공수거(空手來空手去)라는 것을 기억하며 살아가야 합니다.

알렉산더 대왕은 33살이라는 아주 젊은 나이에 병으로 죽었습니다. 그는 죽기 전에 이런 유언을 했다고 합니다.

"내가 죽거든 내 손을 관 밖으로 내놓아 모든 사람들이 볼 수 있도록 하시요. 천하를 차지한 나 알렉산더도 죽을 때는 빈손으로 떠난다는 것을 세상 사람들에게 보여주기 위함이요."

인생은 결국 빈손으로 왔다가 빈손으로 돌아가는 것입니다.

셋째는 오직 하나님만이 우리 삶의 이유와 근거와 목적이라는 것을 기억하며 살아가야 합니다.

하나님 안에 있을 때 우리는 인생의 정체성을 알게 되고, 삶의 이유와 근거와 목적을 알고 살아가게 되므로 삶의 진정한 의미와 기쁨이 있는 것입니다.

3. 인생은 얼마나 내려놓고 살아가느냐에 달려 있습니다.

세상에서 가장 많이 내려놓은 분은 누구일까요?

하나님의 아들 예수님은 하늘 보좌를 버리고 이 땅에 인간의 모습으로 내려오셨습니다. 예수님은 하나님과 동등하신 분이십니다. 즉 예수님은 하나님의 아들 성자하나님이십니다. 하나님의 아들 예수님은 세상에서 가장 많이 내려놓으신 분이십니다.

예수님은 성자 하나님이시면서 인간이 될 정도로 낮아지셨습니다. 아니 십자가에서 죽어주실 정도로 자기비하를 하셨습니다.

그러나 우리는 이 세상에서 계속해서 높아지려고 하는 속성이 있습니다. 자신의 이성, 자아, 뜻, 고집, 자존심 등을 결코 내려놓으려고 하지 않습니다. 우리가 우리 자신을 내려놓으면 내려놓을수록 우리는 하나님이 보이고, 하나님의 뜻을 분별할 수 있고, 하나님의 뜻을 이루어 드리는 삶을 살아갈 수가 있습니다.

당신은 얼마나 내려놓고 살아갑니까?

우리 교회에서 후원하는 이창수, 한경화 부부선교사가 있습니다. 이창수 선교사는 대전에서 잘나가는 성형외과 의사였습니다. 그런데 하나님께 붙잡혀서 모든 것을 내려놓고 침례신학대학원을 졸업한 다음에, 우즈베키스탄으로 선교를 하러 가기 위해 대기 중에 있습니다. 코로나 사정이 좋아지면 내일이라도 출발을 할 것입니다.

또 우리 교회에서 후원하는 강영일·양희규 부부선교사가 있습니다. 강영일 선교사는 서울대학교를 나와서 한국생산성 본부에서 일을 하였고, 양희규 선교사는 공주사대를 나와 교사로 헌신하고 있었습니다. 그러다가 하나님께 붙잡혀서 모든 것을 내려놓고 몽골로 갔습니다.

그분들은 몽골에서 교회를 개척한 다음에 어느 정도 자리가 잡히면 현지인 목회자에게 인계를 해 주고, 자신들은 또 다른 지역에 가서 개척을 하여 또 현지인 목회자에게 인계를 해 주고 하는 사역을 오랫동안 하였습니다.

너무 열심히 사역을 하니까 몽골에서 쫓겨나게 되었고, 그 다음에는 중국으로 가서 선교하다가 그곳에서도 쫓겨나서 이번에는 불가리아로 갔습니다. 참으로 사도 바울 같은 선교를 참 열심히 하는 분들입니다.

우리 성도는 이 땅에서 최종평가를 받는 사람들이 아닙니다. 우리의 평가는 아직 끝나지 않았습니다. 우리의 평가는 하나님 앞에 갔을 때 최종평가가 이루어집니다.

이렇게 모든 것을 내려놓고 살아가는 사람들은 결코 이 세상의 것들로 승부를 걸지 않습니다. 오직 하나님이 기뻐하는 삶을 살기 위해서 목숨을 거는 것입니다. 그들은 세상에서 가장 중요한 것이 무엇인지를 정확히 알고 있기 때문에 그렇게 살아가는 것입니다.

"내가 복음을 전할지라도 자랑할 것이 없음은 내가 부득불 할 일임이라 만일 복음을 전하지 아니하면 내게 화가 있을 것이로다" (고린도전서 9장 16절)

가지 않은 길

노란 숲속에 길이 두 갈래로 났었습니다.
나는 두 길을 다 가지 못하는 것을 안타깝게 생각하면서,
오랫동안 서서 한 길이 굽어 꺾여 내려간 데까지,
바라다볼 수 있는 데까지 멀리 바라다보았습니다.

그리고, 똑같이 아름다운 다른 길을 택했습니다.
그 길에는 풀이 더 있고 사람이 걸은 자취가 적어,
아마 더 걸어야 될 길이라고 나는 생각했었던 게지요.
그 길을 걸으므로, 그 길도 거의 같아질 것이지만.

그 날 아침 두 길에는
낙엽을 밟은 자취는 없었습니다.
아, 나는 다음 날을 위하여 한 길은 남겨 두었습니다.
길은 길에 연하여 끝없으므로
내가 다시 돌아올 것을 의심하면서….

훗날에 훗날에 나는 어디선가
한숨을 쉬며 이야기할 것입니다.
숲속에 두 갈래 길이 있었다고,
나는 사람이 적게 간 길을 택하였다고,
그리고 그것 때문에 모든 것이 달라졌다고. – 로버트 프로스트 –

10장

하나님,
제가 어떤 교회하기를
원하세요?

전파하고 가르치며
완전한 자로 세우는 교회를 하라

2012년 12월 대학의 겨울방학이 시작되는 주간에 나는 제주도 그랜드호텔 632호실에 있었다. 내가 근무하던 대학에서 제주도로 교직원연수를 갔기 때문이다. 제주도에 도착한 다음 날 감기몸살 기운이 있어서 외부 일정은 참석하지 않고 호텔 방에서 혼자 성경을 보고 있었다.

그런데 놀라운 일이 벌어졌다. 읽던 성경 글씨가 갑자

기 크게 확대되어 내 눈으로 들어왔다. 지금까지 성경을 그렇게 많이 보았지만 그때처럼 성경 글씨가 크게 확대되어 보인 적은 처음이었다.

골로새서 1장 28절 말씀이었다.

"우리가 그를 전파하여 각 사람을 권하고 모든 지혜로 각 사람을 가르침은 각 사람을 그리스도 안에서 완전한 자로 세우려 함이니"

'왜 이 말씀을 확대해서 보여주셨을까?' 생각했다. 당시 나는 몇 달 동안 계속해서 "하나님 제가 어떤 교회를 하기 원하시는지 알고 싶습니다"라고 기도하고 있었다. 하나님께서 분명히 나를 목사로 사용하실 것 같은데 그러면 어떤 목회를 원하시는지 여쭈어야 할 것 같았다. 종이 주인의 뜻을 여쭈어보는 것은 당연한 일이었다.

바로 그 응답이었던 것이다. 나는 너무나 감사했다.

우리 교회의 목표는 '전파하고 가르치며 완전한 자로 세우는 교회'이다. 이 목표는 하나님으로부터 온 것이기에 내가 목회하는 동안은 바뀔 수가 없다.

그런데 이 말씀을 곰곰이 생각해 보니 하나님의 마음을 알 것 같다는 생각이 들었다. 예수님이 이 땅에 전도하러 오셨으니 교회의 **첫 번째 목표로** 복음을 전파하는 것은 너무나 당연하다는 생각이 들었다.

두 번째는 전도한 성도들을 하나님의 말씀으로 잘 양육하는 것이다. 목자는 양들에게 양질의 꼴을 먹여야 할 의무가 있기에 이 역시 당연한 목표였다.

세 번째는 성도 한 명, 한 명을 예수님의 제자, 즉 완전한 자로 세워야 한다는 것이었다.

아마도 하나님은 우리 서정교회뿐만 아니라 세상의 모든 교회가 이런 교회가 되어야 한다고 말씀하시는지 모른다. 하나님이 교회에 주신 이 사명에서 벗어난 교회는 잘못된 교회임에 틀림없다. 교회에 주신 이 사명, 즉 교회의 본질에 충성스럽게 헌신한다면 그 교회는 성도의 숫자에 상관없이 하나님이 기뻐하시는 교회일 것이다.

그러나 교회가 전파하고 가르치며 완전한 자로 세우는 일에 열심을 내지 않는다면, 그런 교회는 틀림없이 분열과 분쟁이 있게 된다. 교회의 존재 목적에 맞도록 쓰임받는 교회가 많아질수록 세상에서 교회는 여전히 세상의 희망이고 하나님의 가능성이 될 것이라고 믿는다.

예수님과의 산책

1. 성경은 무엇입니까?

이 세상에서 지금도 가장 많이 팔리는 책은 성경입니다. 그러면 성경은 어떤 책입니까? 성경은 약 1600여 년의 기간에 걸쳐 40여 명의 저자들에 의하여 기록되었습니다. 구약성경은 히브리어와 아람어로 쓰였고, 신약성경은 헬라어로 쓰였습니다.

첫째, 성경의 저자는 하나님이십니다. 성경은 성령하나님의 감동으로 쓰인 책입니다. 사람의 손으로 쓰이긴 했지만 진짜 저자는 하나님이시라는 뜻입니다.

둘째, 성경은 하나님의 감동으로 기록되었기 때문에 조금도 잘못됨이 없는 완전한 책이고, 구약과 신약이 완전하게 통일성을 갖고 있습니다. 성경은 읽고 믿는 사람에게는 구원의 확신을 주고 삶의 변화가 일어나게 됩니다.

셋째, 성경은 진리이신 하나님으로부터 온 것이기 때문에 진리의 책입니다. 그래서 모든 사람에게 진리가 무엇인지를 알려주며, 영원한 생명으로 인도해 주는 책입니다.
"성경은 능히 너로 하여금 그리스도 예수 안에 있는 믿음으로 말미암아 구원에 이르는 지혜가 있게 하느니라"(디모데후서 3장

15절)

넷째, 성경은 우주 만물의 기원과 인간의 창조, 인간의 목적, 그리고 종말에 대하여 정확한 답을 주고 있습니다.

"하나님의 말씀은 살아있고 활력이 있어 좌우에 날선 어떤 검보다도 예리하여 혼과 영과 관절과 골수를 찔러 쪼개기까지 하며 또 마음의 생각과 뜻을 판단하나니 지으신 것이 하나도 그 앞에 나타나지 않음이 없고 우리의 결산을 받으실 이의 눈앞에 만물이 벌거벗은 것같이 드러나느니라"(히브리서 4장 12절-13절)

2. 구약성경과 신약성경은 어떻게 되어있습니까?

성경은 구약성경 39권과 신약성경 27권, 총 66권으로 구성되어 있습니다. 3×9=27로 외우면 쉽습니다. 구약성경 39권은 역사서 17권, 시가서 5권, 예언서 17권으로 구성되어 있습니다.

신약성경 27권은 복음서 4권, 역사서 1권, 서신서 21권, 예언서 1권으로 구성되어 있습니다. 복음서는 마태복음, 마가복음, 누가복음, 요한복음을 말하는데, 마태, 마가, 누가복음은 같은 관점에서 썼다고 해서 공관복음(共觀福音)이라고 합니다.

역사서는 사도행전을 말하는데, 예수님의 제자인 사도들

이 활동한 내용을 기록한 책입니다. 서신서는 21권이 있는데, 사도바울이 쓴 14권은 바울서신이라고 부르고, 나머지 7권은 공동서신이라고 부릅니다. 예언서는 성경의 마지막 책인 요한계시록인데, 앞으로 되어질 일들에 관하여 기록한 책입니다.

3. 왜 성경을 끊임없이 읽어야 합니까?

(1) 우리는 성경을 통해서 예수님을 만날 수 있고, 구원을 얻는 길을 찾을 수가 있습니다.

"또 어려서부터 성경을 알았나니 성경은 능히 너로 하여금 그리스도 예수 안에 있는 믿음으로 말미암아 구원에 이르는 지혜가 있게 하느니라"(디모데후서 3장 15절)

(2) 성경은 진리를 알게 하고, 옳고 그름을 알 수 있는 분별력을 줍니다.

"하나님의 감동으로 된 성경은 교훈과 책망과 바르게 함과 의로 교육하기에 유익하니"(디모데후서 3장 16절)

(3) 성도는 성경을 통하여 예수그리스도까지 자라갈 수 있습니다.

"오직 사랑 안에서 참된 것을 하여 범사에 그에게까지 자랄지라. 그는 머리니 곧 그리스도라"(에베소서 4장 15절)

어부의 기도

주님, 저로 하여금 죽는 날까지
물고기를 잡을 수 있게 하시고,
마지막 날이 찾아와
당신이 던진 그물에 내가 걸렸을 때
바라옵건대 쓸모없는 물고기라 여겨
내던져 짐을 당하지 않게 하소서.

– 17세기, 작자 미상 –

11장

하나님, 저보다 못생긴 사람이 목회를 잘하고 있으면 보여주세요

열등감에 시달리다

예수님을 만나기 전 내 마음속에는 항상 열등감이 있었다.

어렸을 때부터 대인공포증이 있었다.

그 문제는 예수님을 만나 교회에서 중·고등부 교사를 하면서 서서히 사라졌다.

또 하나는 외모에 대한 자신감이 부족했다.

지금까지 인물이 좋다는 말은 들어본 적이 없으니 자

신감이 떨어질 만도 하다는 게 내 생각이다. 내가 목회하는 시골교회에는 시력이 나쁘고 나이가 많은 성도들이 많다. 그런데도 인물이 좋다는 말을 들어본 적 없으니 좋지 않은 것은 틀림없는 듯하다. 한가지 위안이 되는 것은 이는 세상 사람들의 눈을 기준으로 할 때라는 것이다.

옥천에 있는 서정교회로 나의 목회지가 정해진 시점이었다. 몇 달 후면 옥천에서 목회를 해야 할 즈음에 나는 하나님께 괜한 불만을 말씀드렸다.

"하나님, 저를 목사로 사용하실 생각이 있으셨으면 인물이라도 좀 괜찮게 만들지 그러셨어요? 나처럼 못생긴 사람이 목회를 해도 되는 건가요? 목사는 여러 사람 앞에 서야 하는데 성도들이 싫어하지 않을까요? 하나님, 저보다 못생긴 사람이 목회를 잘하고 있다면 보여주세요."

며칠 후 이상한 일이 벌어졌다. TV로 기독교방송을 보는데 군종장교 중 높은 계급의 한 분이 출연했는데 외모가 나와 별반 차이가 없었다. 그런데 군대에서 아주 높은 계급으로 왕성하게 활동을 하는 분이었다.

며칠 후 또다시 기독교방송을 보는데 이번에는 중부지방에서 전원목회를 하는 목사님이 출연했다. 목회를 훌륭하게 잘하셨는데 그 목사님도 나에게 위안을 주는 외모를 하고 있었다. 그 후로도 TV에서 나에게 확신을 주는 외모의 목사님을 또 보았다.

내가 생각하기에도 어이없고 이상한 기도를 드렸는데 하나님은 그런 기도까지도 다 들으시고 나에게 힘을 주시고 용기를 주시고, 위로해 주시려고 여러 명의 목사님을 TV로 소환해 며칠 사이에 다 보여주신 것이다. 그러면서 내게 이렇게 말씀하시는 것 같았다.

"너 봤지? 너와 비슷하게 생긴 목사들이 목회 잘하는 것 봤지? 그러니 앞으로 다시는 그런 말 하지 말아라."

"네, 하나님 잘 알겠습니다. 앞으로 다시는 그런 말 하지 않겠습니다."

하나님은 마치 철부지 아이가 부모님께 "왜 나를 이렇게 낳았어요?"라고 따지는 걸 달래시는 것 같았다. 그 일 후 나는 더 이상 외모는 생각하지 않고 자신 있게 목회를 할 수 있게 되었다.

하나님은 "목사는 얼굴 가지고 하는 것이 아니다"라고 알려주셨다. 사도 바울같이 뛰어난 복음 전도자도 글에는 출중했지만 얼굴은 보는 사람들에게 졸하게 보였다고 성경에서 말씀하고 있지 않은가?

사람은 외모를 보지만 하나님은 외모를 보지 않으시고 마음의 중심을 보신다는 말씀이 나에게 얼마나 위안이 되는지 모른다. 이것이 내가 하나님을 사랑할 수밖에 없는 이유 중 하나이다.

그 사건 후 나는 곰곰이 생각했다.

하나님은 한 사람 한 사람을 하나님의 걸작품으로 만드셨다. 이것은 순전히 내 생각이지만 세상적인 기준으로 잘생겼다고 하는 사람들은 하나님께서 하나의 틀에 넣어서 대량생산을 하신 거라고 생각한다. 그러나 우리처럼 특별하게 생긴 사람들은 하나님께서 직접 수작업으로 공을 들여서 만드신 거라고 스스로 위안해 본다.

자동차도 시계도 최고의 걸작품은 수제품이고, 또한 수제품이 훨씬 비싸다. 그렇기에 이런 기도를 드리지 않을 수 없다.

"하나님, 나를 하나님의 수제품으로 만들어 주셔서 감사합니다."

1. 열등감은 무엇입니까?

열등감은 자기를 남보다 못하거나 무가치하게 낮추어 평가하는 마음입니다. 열등감은 다른 사람과 비교할 때 생깁니다. 열등감은 하나님으로부터 오는 것이 아니고, 마귀로부터 옵니다.

마귀(사탄)는 우리에게 세 가지를 준다고 합니다. 그것은 비교의식, 열등감, 그리고 죄책감입니다.

첫째는 비교의식입니다.

마귀는 하나님의 형상으로 지음을 받은 고귀한 존재인 인간이 다른 사람과 자꾸 비교를 하게 합니다. 그러나 우리는 결코 다른 사람과 비교 대상이 아닙니다.

하나님은 토기장이이시고 우리는 토기입니다. 토기장이이신 하나님께서 각 사람을 통하여 합당한 영광을 받으시기 위하여 그분께서 원하시는 대로 그릇을 만드셨습니다.

토기장이는 금 그릇, 은 그릇도 만드시고, 허드렛일에 쓰기 위하여 만들어 놓은 그릇도 있습니다. 각자 지음을 받은 대로 목적에 맞게 쓰임을 받는다면 주인은 만족하는 것입니다. 간장 그릇이 밥그릇과 비교할 필요는 없는 것입니다.

둘째는 열등감입니다.

하나님은 우리를 절대평가 하시는 분이시지 상대평가를 하시는 분이 아니십니다. 하나님이 우리를 평가하시는 방법을 모르면 우리는 마귀의 유혹에 빠지게 됩니다.

비록 우리가 하나님으로부터 한 달란트만 받았다고 할지라도, 열심히 노력해서 한 달란트 더 남기면 되는 것입니다. 한 달란트 주셨는데, 왜 다섯 달란트를 남기지 못하였느냐고 질책하시는 분이 아닙니다.

열등감은 다른 사람과 비교해서 상대 평가할 때 찾아옵니다. 저 사람은 1등인데, 나는 50등이라고 하면 열등감이 찾아옵니다. 저 사람은 인물이 잘생겼는데, 나는 인물이 떨어진다고 생각하면 열등감이 옵니다. 하지만 하나님은 1등부터 꼴찌까지 줄을 세우시는 분이 아니십니다.

일등만 아는 더러운 세상이라고 한탄할 필요가 없습니다. 하나님은 고아, 과부, 창기들처럼 세상에서 실패한 사람과 고통받는 사람들에게 먼저 찾아오신 분이십니다.

셋째는 죄책감입니다.

죄책감은 스스로가 저지른 잘못에 대하여 책임을 느끼는 감정을 말합니다. 그런데 성도는 죄를 온전히 회개하면 하나님께서 죄를 완전히 용서해주셔서 다시는 기억도 하지 않으신다고 하셨습니다.

회개를 통하여 죄를 온전히 용서받았는데도 불구하고 마귀는 자꾸 우리가 지난 여름에 잘못한 죄를 떠오르게 하고 죄책감을 갖게 만듭니다. 그러면서 "너 같은 게 어떻게 천국에 갈 수 있느냐"라며 스스로 용서받지 못한 죄인이라는 마음을 줍니다. 그러나 우리는 회개를 통하여 용서받은 죄인이 되었기에 의인이라는 것을 확실히 알아야 합니다.

우리 성도는 하나님의 자녀답게 살아가야 하는데, 그것을 방해하는 것들이 바로 비교의식, 열등감, 죄책감입니다. 마귀는 우리를 좌절하게 하고, 낙망하게 하고, 포기하게 하는 선수입니다.

그러나 하나님은 역전의 명수십니다. 우리가 주님 안에 있으면 낙망이 소망으로 바뀌고, 좌절이 용기로 바뀌고, 포기가 새로 시작할 수 있는 힘으로 바뀌는 것입니다.

2. 열등감은 어떻게 극복할 수 있습니까?

(1) 비교하지 마라
우리는 결코 누구와 비교할 수 없는 존재입니다. 우리는 세상에서 단 하나만 있는 하나님의 걸작품입니다.

(2) 받은 그대로를 감사하라
토기장이이신 하나님께서 나를 지으신 그대로 감사해야 합니다. 그릇은 토기장이이신 주인에게 나를 왜 이렇게 만들어 놓았느냐고 따질 수가 없습니다. 그것은 주인의 마음이기 때문입니다.

"이 사람아 네가 누구이기에 감히 하나님께 반문하느냐 지음을 받은 물건이 지은 자에게 어찌 나를 이같이 만들었느냐 말하겠느냐 토기장이가 진흙 한 덩이로 하나는 귀히 쓸 그릇을, 하나는 천히 쓸 그릇을 만들 권한이 없느냐"(로마서 9장 20절-21절)

(3) 하나님의 자녀로서의 자긍심을 높여라

우리는 이 세상의 썩어질 것으로 살아가는 존재들이 아닙니다. 비록 죄 많은 이 세상에서 살아가고 있지만, 우리는 이미 천국 시민권자라는 것을 잊어서는 안 됩니다.

"내가 진실로 진실로 너희에게 이르노니 내 말을 듣고 또 나 보내신 이를 믿는 자는 영생을 얻었고 심판에 이르지 아니하노니 사망에서 생명으로 옮겼느니라"(요한복음 5장 24절)

3. 하나님은 외모를 보지 않으시고 마음의 중심을 보십니다.

사람은 외모를 보고 평가하지만 하나님은 마음의 중심을 보시는 분이십니다.

김구 선생은 한때 관상쟁이가 되려고 관상 공부를 열심히 한 적이 있습니다. 그런데 자신의 관상을 보니까 한 군데도 부귀한 좋은 상은 없고, 천하고 가난하고 흉한 상밖에 없었다고 합니다.

그래서 크게 낙담을 하고 있었는데, 마의상서라는 책에서 운명을 바꾸는 한 구절을 만나게 됩니다.

相好不如身好(상호불여신호)
얼굴 좋은 것이 몸 건강한 것만 못하고

身好不如心好(신호불여심호)
몸 건강한 것이 마음 착한 것만 못하고

心好不如德好(심호불여덕호)
마음 착한 것이 덕성 훌륭한 것만 못하다.

이 글을 마음 판에 새기고, 김구 선생은 새로운 결심을 하게 됩니다.

"이제부터 밖을 바꾸는 외적 수양에는 무관심하고 마음을 닦는 내적 수양에 힘써 사람 구실을 하겠다고 마음을 먹으니, 종전에 공부 잘하여 과거하고 벼슬하여 천한 신세에서 벗어나겠다는 생각은 순전히 허영이고 망상이요, 마음 좋은 사람이 취할 바 아니라고 생각하였다."

김구 선생은 운명을 개척했습니다. 운명은 개척하는 것입니다. 백범 김구 선생처럼 우리는 관상이라는 것에 매이면 안 됩니다. 관상이란 마음 먹기에 따라 변합니다. 관상이 중요한 것이 아니고, 마음의 상인 심상(心狀)이 중요한 것입니다.

그리고 하나님을 믿게 되면 관상이나 사주팔자에 더 이상 구속될 필요가 없습니다. 왜냐면 우리는 하나님 안에서 새로운 피조물로 거듭나기 때문입니다. 더 이상 우리의 관상이나 사주팔자가 우리를 지배하지 못하는 것입니다. 우리가 예수님을 믿으면 아무리 나쁜 우리의 사주팔자도 범사에 복을 받는 천국팔자로 바뀌게 되는 것입니다.

여섯 가지 참회

내가 생각해야만 하는데도 생각하지 않은 것과
말해야만 하는데도 말하지 않은 것
행해야만 하는데도 행하지 않은 것

그리고 내가 생각하지 말아야 하는 데도 생각한 것과
말하지 말아야 하는데도 말한 것
행하지 말아야 하는데도 행한 것
그 모든 것들을 용서하소서.

- 페르시아 경전의 기도문 -

12장

목사님, 바다가 갈라지는 환상을 보았어요

목사 임직식 날 환상을 보여주시다

2013년 5월 12일 오전 11시, 내가 교육전도사로 시무하던 대전 영명 교회에서 많은 분들의 축하 속에 목사 안수를 받았다.

나는 대전 영명 교회 하영종 목사님께 많은 사랑의 빚을 지고 있다. 하 목사님은 예수님의 사랑이 참으로 풍성하신 분이다. 나는 하 목사님을 통해 하나님의 응답 없이 교회 일을 추진해서는 절대 안 된다는 것을 깊이 배웠다.

하 목사님은 내가 서정교회로 부임할 때 교회가 많이 어려운 중에도 예수님의 사랑으로 물질적인 후원을 아끼지 않으셨다. 내가 만약 하 목사님과 같이 경제적으로 어려웠다면 후배 목사에게 그렇게 통 큰 사랑을 실천하지 못했을 것이다.

그러나 하 목사님은 어려운 여건 속에서도 예수님의 사랑을 보여주셨다. 하 목사님께서는 예수님의 크신 사랑을 덧입었기에 그런 통 큰 사랑을 실천한다고 생각한다. 하나님의 일은 환경과 처지에 따라 하는 것이 아니라 하나님께서 원하신다면 어려움이 있어도 해야 한다는 것을 몸으로 체득하는 계기가 되었다.

하 목사님이 아니었으면 나는 지금 서정교회에서 목회를 하지 못했을 것이다. 하나님은 필요한 곳에 꼭 도움의 손길을 주실 분들을 심어놓으시나 보다.

사실 내가 영명 교회에서 3년 동안 전도사 훈련을 받게 된 것도 전적으로 하나님의 은혜의 손길이었다. 신학대학원에서 1학년 수업을 마쳤을 때 전도사 훈련을 받을 침례교회를 찾아야만 했다. 그런데 침례교회 중에 특별히 아는 교회가 없었다.

그래서 하나님께 기도를 드렸다. "우리 집에서 멀지 않은 대전 괴정동 근처에 있는 침례교회 중에서 하나님께서 가장 기뻐하시는 목사가 있는 곳으로 나를 보내주세요"라고 기도드렸다. 그런데 큰 길가에서 잘 보이지도 않는 곳에 위치한 영명 교회로 나를 인도하셨다.

하나님의 은혜 가운데 목사 안수를 받고 신학대학원 동기 전도사의 결혼식에 참석하기 위해 장경동 목사님이 시무하는 대전 중문교회로 갔다.

그곳에서 만난 신학대학원 동기인 유진환 전도사가 나를 보더니 깜짝 놀랄 이야기를 했다.

"지난주 목사님 임직식 때 목사님에 대한 환상을 보았어요. 목사님이 한 걸음 한 걸음 걸을 때마다 홍해 바다가 갈라지는 것처럼 물이 쫙쫙 갈라지는 환상이었습니다."

그 말을 들으면서 '왜 내게 직접 보여주시지 않고 다른 전도사에게 보여주셨지?'라고 생각했다.

나는 목사 임직식을 앞두고 몇 달 동안 하나님께 기도드렸던 것이 떠올랐다.

"하나님, 나와 함께해 주신다는 어떤 사인을 좀 보여주세요. 그래야 앞으로 목회를 힘 있게 하지 않겠습니까?"

나는 유 전도사가 보았다는 환상의 뜻을 정확히 알 수는 없었지만 나쁘지 않은 사인이라고 생각했다. 한편으로는 "내가 전도를 하면 사람들 마음을 쫙쫙 갈라지게 하셔서 부흥을 주시겠다는 뜻인가?"라고 생각했다.

그 환상은 서정교회 목사로 임직하여 사역을 시작할 때 놀라운 증거가 되었다.

2014년 1월 1일 사역을 시작했는데 첫해에 새로운 신자 45명을 보내주신 것이다. 그때 당시 서정교회는 10년 동안 새 신자가 한 명도 오지 않았다는데 내가 사역을 시작한 첫해에 새 신자가 45명이나 늘었으니 참으로 감사한 일이다.

하나님은 59세라는 적지 않은 나이에 목사 안수를 받고 시골교회로 가는 부족한 종에게 힘을 실어주시려고 그런 환상을 보여주신 것이라는 생각이 들었다. 나는 예수님을 믿고 나서 계속해서 전도자의 삶을 살아온 것이 떠올랐다.

나를 만나는 모든 사람에게 전도하겠다는 마음으로 열심히 전도한 지난 날이 기억을 스치고 지나갔다. 그리고 더 많은 사람들에게 전도하기 위해 내 명함 앞뒷면에 전도용 문구를 인쇄한 것이 떠올랐다.

또한 영명 교회에서 전도사로 있을 때 아내와 함께 3년 동안 토요일마다 아파트 앞에서 노방전도를 한 것도 떠올랐다. 그리고 서정교회에서도 아내와 함께 교회가 없는 마을을 찾아다니며 전도를 하고 주일 예배가 끝나면 성도들과 함께 병원과 시장 등에서 전도를 하고, 항상 전도지를 품고 다니며 전도를 한 것 등이 생각났다.

시골교회는 나이 많은 성도들이 많기에 한 분, 두 분 요양원에 가시거나 돌아가시는 분들이 있어 자연스럽게 성도가 줄어들 수밖에 없다. 그런데 조금씩이나마 부흥되게 해 주시니 참으로 감사했다.

'그동안 전도자의 삶을 살아온 것을 보시고 하나님께서 갚아주시는 것이 아닐까?'라는 생각도 했다.

나는 목사 안수를 받기 전 교회를 놓고 몇 달 동안 기도를 했다. 어차피 미자립교회에서 무보수로 헌신하라고 하셨으니 큰 교회는 아니라고 생각했다.

나는 교회를 위해 세 가지 기도 제목으로 기도했다.

첫째는 대전 인근에 있는 교회로 보내주세요.

당시 대전의 충남대학교에서 근무하고 있었기에 그렇게 기도했다.

둘째는 수영장이 있는 곳으로 보내주세요.

아내가 목 디스크를 앓고 있었는데 수영이 많은 도움이 된다고 해서 그렇게 기도했다.

셋째는 마음껏 전도할 수 있는 곳으로 보내주세요.

작은 시골 마을에 가면 '리'별로 구역 제한이 있어서 마음대로 전도를 하지 못하는 것을 보았기에 그렇게 기도했다.

어느 날 영명 교회 하 목사님으로부터 내가 시무할 교회가 나왔다는 이야기를 듣고 토요일 오후 아내와 함께 그 교회를 찾았다.

교회는 충북 옥천군 옥천읍 서정리라는 작은 마을에 위치했다. 서정리는 옥천읍에서 2km 정도 떨어졌는데 우리는 교회까지는 가지 않고 교회에서 약간 떨어진 곳에서 바라만 보았다. 교회는 작고 주차장도 없고 교회 지붕은 초록색 함석이었다.

교회를 보는 순간 그동안 상상했던 시골교회에 대한 환상이 완전히 깨졌다. 시골교회는 빨간 벽돌에 십자가 첨탑이 높이 솟아있고 마을에서 약간 떨어진 언덕 위에 있을 거라고 상상했는데 현실의 교회는 그렇지 않았다.

나는 그동안 교회를 놓고 드렸던 기도 내용을 살펴보았다.

대전에서 30분 거리이니 대전근교였고, 주변에 수영장이 있는지 알아보았더니 옥천읍에 새로 건축한 수영장이 있었다. 또 마음껏 전도할 수 있는지를 확인해 보니 옥천 읍내에 5만 3천여 명의 사람들이 있었다.

그동안 교회를 놓고 기도한 내용과 정확하게 일치하는 것을 보고 나는 더 이상 아무 소리도 할 수가 없었다.

아버지 하나님은 내 걸음마다 함께 해 주시고 내가 있어야 할 곳으로 정확히 인도해 주시니 참으로 감사할 뿐이었다. 서정교회에 내가 꼭 필요하기에 그곳으로 보내셨을 거라고 생각하니 마음이 평안해졌다.

내가 섬기는 교회가 작고 초라하다해도 아무 상관이 없다. 하나님께서 원하시는 곳에서, 원하시는 모습으로 열심을 다하여 헌신하면 그것으로 충분하다고 생각한다.

1. 성도의 신분은 무엇입니까?

예수님을 믿으면 새로운 사람으로 다시 태어나게 됩니다. 즉 신분이 바뀌는 것입니다. 성도의 신분은 어떻게 바뀔까요?

(1) 전지전능하신 하나님의 자녀가 됩니다.

예수님을 우리의 구주와 주님으로 영접하면 누구나 하나님의 자녀가 됩니다.

"영접하는 자 곧 그(예수) 이름을 믿는 자들에게는 하나님의 자녀가 되는 권세를 주셨으니, 이는 혈통으로나 육정으로나 사람의 뜻으로 나지 아니하고 오직 하나님께로부터 난 자들이니라" (요한복음 1장 12절-13절)

하나님의 자녀로 신분이 변화된 성도는 신분에 맞는 삶을 살아가야 하는데, 그것은 예수님을 본받아 예수님의 사랑과 예수님의 향기가 풍겨 나오는 삶을 살아가야 합니다.

"그러므로 사랑을 받는 자녀같이 너희는 하나님을 본 받는 자가 되고"(에베소서 5장 1절)

(2) 만왕의 왕으로 오신 예수님의 신부가 됩니다.

예수님은 우리를 자녀로 뿐만 아니라, 예수님의 신부로까지 우리의 신분을 격상시켜 주셨습니다. 그렇기 때문에 예수님의 신부로서의 거룩함과 순결함을 일평생 지키며 살아가야 합니다.

> "내가 하나님의 열심으로 너희를 위하여 열심을 내노니 내가 너희를 정결한 처녀로 한 남편인 그리스도께 드리려고 중매함이로다"(고린도후서 11장 2절)

(3) 성도는 하나님의 영이 거하는 거룩한 집이 됩니다.

우리가 예수님을 영접하면 우리 안에 하나님의 성령이 거하므로, 우리 몸은 하나님의 영이 거하는 거룩한 집(성전, 聖殿)이 됩니다. 그래서 우리는 하나님의 영이 거하는 거룩한 집을 더럽히면 절대로 안 되는 것입니다.

> "너희는 너희가 하나님의 성전인 것과 하나님의 성령이 너희 안에 계시는 것을 알지 못하느냐. 누구든지 하나님의 성전을 더럽히면 하나님이 그 사람을 멸하시리라 하나님의 성전은 거룩하니 너희도 그러하니라"(고린도전서 3장 16절-17절)

2. 성도의 사명은 무엇입니까?

예수님을 구주와 주님으로 진심으로 영접한 성도는 이미 이 땅에서 천국 시민이 된 것입니다. 그러나 아직 천국에는 들어가지 못하였습니다. 왜냐면 아직 이 땅에서의 삶이 남아 있기 때문입니다.

우리 성도의 신분은 이미(already)와 아직(not yet) 사이에 있는 것입니다. 예수님을 영접하므로 죄인인 우리가 이미 의인이 되었기에 칭의(稱義) 구원을 받았지만, 아직 천국에 들어가는 영화(榮華) 구원의 단계에는 들어가지 못한 것입니다.

그럼 칭의와 영화 사이에 있는 성도는 이 세상에서 어떻게 살아가야 할까요? 지금은 우리가 성화(聖化)의 단계에 있는 것입니다. 매일매일 거룩해지는 성화의 삶을 살아가야 합니다.

(1) 우리 모두는 참 빛을 반사하는 빛의 삶을 살아가야 합니다.

성도는 세상의 빛이기 때문에, 참 빛이신 예수그리스도의 빛을 잘 반사하는 착한 행실의 삶을 살아가야 합니다.

"너희는 세상의 빛이라 산 위에 있는 동네가 숨겨지지 못할 것이요"(마태복음 5장 14절)

"이같이 너희 빛을 사람 앞에 비치게 하여 그들로 너희 착한 행실을 보고 하늘에 계신 너희 아버지께 영광을 돌리게 하라"(마태복음 5장 16절)

(2) 성도는 세상의 소금으로 살아가야 합니다.

소금은 녹을 때 가치가 있는 것처럼, 성도는 세상의 소금으로써 세상 속에서 녹아 세상이 부패되지 못하도록 해야 하는 책무가 있습니다.

"너희는 세상의 소금이니 소금이 만일 그 맛을 잃으면 무엇으로
짜게 하리요. 후에는 아무 쓸 데 없어 다만 밖에 버려져 사람에게
밟힐 뿐이니라"(마태복음 5장 13절)

(3) 성도는 예수그리스도의 향기를 드러내야 합니다.

성도는 향기가 있는 삶을 살아가야 하는데 샤넬 화장품의 향기가 아니고 예수 그리스도의 향기를 드러내는 삶을 살아가야 합니다.

"우리는 구원 받는 자들에게나 망하는 자들에게나 하나님 앞에
서 그리스도의 향기니"(고린도후서 2장 15절)

예수 그리스도의 향기는 빛의 향기요, 착한 행실의 향기요, 생명에 이르게 하는 향기입니다. 성도는 이 세상이 예수님의 향기로 가득해지도록 향을 뿜어내는 삶을 살아가야 합니다.

3. 성도는 어떻게 살아야 승리할 수가 있습니까?

우리가 예수님을 온전히 영접하므로 전능하신 하나님의 자녀가 되었다고 해서 세상의 유혹과 시험이 끝나는 것이 절대 아닙니다. 마귀는 예수님의 자녀라도 넘어뜨리기 위하여 온갖 수단과 방법을 가리지 않고, 각자에게 얽매이기 쉬운 것으로 유혹을 합니다. 즉 맞춤형 유혹을 하는 것입니다.

세상은 우리를 육신의 정욕과 안목의 정욕과 이생의 자랑으로 유혹을 합니다.

"이는 세상에 있는 모든 것이 육신의 정욕과 안목의 정욕과 이생의 자랑이니 다 아버지께로부터 온 것이 아니요, 세상으로부터 온 것이니라. 이 세상도 정욕도 지나가되 오직 하나님의 뜻을 행하는 자는 영원히 거하느니라"(요한일서 2장 16절)

그러나 하나님은 우리 자신을 너무나 잘 알고 계시기에, 오직 감당할 만한 시험거리만 주십니다.

"사람이 감당할 시험 밖에는 너희가 당한 것이 없나니, 오직 하나님은 미쁘사 너희가 감당하지 못할 시험 당함을 허락하지 아니하시고, 시험 당할 즈음에 또한 피할 길을 내사 너희로 능히 감당하게 하시느니라"(고린도전서 10장 13절)

우리 성도는 어떻게 하면 마귀의 유혹과 시험을 이길 수가 있을까요?

(1) 하나님 앞에서의 삶(코람데오)을 살아가야 합니다.

하나님은 불꽃같은 눈으로 우리를 감찰하고 계십니다. 하나님의 눈은 전 세계를 보고 계시고, 하나님의 귀는 전 세계에 열려 있습니다.

하나님은 우리의 일거수일투족을 다 보고 계시고, 우리 입술의 모든 말을 듣고 계십니다. 우리는 항상 하나님 앞에서의 삶, 코람데오, 즉 존전의식(尊前意識)을 갖고 살아야 합니다.

"주께서 내가 앉고 일어섬을 아시고 멀리서도 나의 생각을 밝히
아시오며, 나의 모든 길과 내가 눕는 것을 살펴보셨으므로 나의
모든 행위를 익히 아시오니, 여호와여 내 혀의 말을 알지 못하시
는 것이 하나도 없으시니이다"(시편 139편 2절-4절)

(2) 하나님의 말씀으로 무장되어 있어야 합니다.

예수님은 마귀로부터 시험을 받으실 때 오직 하나님의 말
씀으로 물리치셨습니다. 그래서 우리는 항상 진리의 말씀을
가까이하고, 말씀을 많이 암송하는 삶을 살아가야 합니다.

"예수께서 대답하여 이르시되 기록되었으되 사람이 떡으로만 살
것이 아니요, 하나님의 입으로부터 나오는 모든 말씀으로 살 것
이라 하였느니라 하시니"(마태복음 4장 4절)

(3) 3에프(3F)로 싸워야 합니다.

우리 성도는 마귀의 유혹을 이기기 위해서 피를 흘릴 정도
로 처절하게 싸워야 합니다. 그렇지 않고는 도저히 이길 수가
없습니다.

첫 번째 F(에프)는 피해야(flee) 합니다.

손자병법에도 전략적으로 불리하면 피하라고 했습니다. 마
귀와의 싸움은 피하는 것이 최고의 상책입니다. 우리 힘으로
는 도저히 마귀를 당할 수가 없기 때문입니다. 우리는 죄를

지을 수밖에 없는 환경은 피해야 합니다. 의인 요셉도 목숨 걸고 죄를 피하였습니다.

두 번째 F(에프)는 정면대결(fight)하여 싸워야 합니다.

우리는 우리의 대적 마귀와 정면대결을 하여야 합니다.

"근신하라 깨어라 너희 대적 마귀가 우는 사자 같이 두루 다니며 삼킬 자를 찾나니 너희는 믿음을 굳건하게 하여 그를 대적하라 이는 세상에 있는 너희 형제들도 동일한 고난을 당하는 줄을 앎 이라"(베드로전서 5장 8절-9절)

세 번째 F(에프)는 성령 충만(fill)해야 합니다.

우리 성도가 성령이 충만하면 우리 심령 안에 하나님의 빛 이 가득 차게 됩니다. 어둠의 영은 빛이 들어오면 나가라고 하지 않아도 있을 곳이 없어서 저절로 나가게 되어있습니다. 우리 심령을 성령의 참 빛으로 가득 채워야 합니다.

구도자의 노래

살아있는 동안에 손님을 맞이하라.
살아있는 동안 경험 속으로 뛰어들고
살아있는 동안 삶을 이해하라.
그대가 구원이라고 부르는 것은
죽음이 오기 전에만 가능한 일
살아있는 동안 밧줄을 끊지 않는다면
죽은 뒤에 어떻게 자유를 얻겠는가.
육체가 썩은 다음에야
영혼이 신과 결합할 수 있다는 것은
크나큰 착각이 아닐 수 없다.
지금 그를 발견하라.
지금 그를 찾지 못한다면
그대 갈 곳은 죽음의 도시뿐
지금 이 자리에서 그와 하나가 되라
그러면 이다음에도 그와 하나가 되리라.

– 까비르 –

13장

너는 교인의 숫자는 세지 말고, 제자를 양육하라

부임 첫해에 45명을 보내주시다

서정교회는 옥천읍 서정리에 있는 작은 시골교회다. 옥천읍에서 2km 정도 떨어져 있으며 140여 가구가 있지만 노인 한 명이 사는 가정이 많아 실제 인구는 많지 않다.

그런데 내가 부임한 후 이곳에 이상한 일이 생겼다.

하나님께서 서정교회에 성도들을 보내시기 시작한 것이다. 처음 서정교회에 부임했을 때는 나이가 많은 성도

10명이 계셨는데 내가 부임한 후 한 달에 몇 명씩 새 신자가 들어왔다. 어떤 주일에는 6명이 등록하기도 했다.

나는 너무나 감격해 눈물로 감사를 드렸다.

내가 서정교회에 부임하는 날 경로당 앞에 차를 세운 후 교회로 향하려는데 경로당 놀이터에 학생 두 명이 서 있었다. 나는 그 학생들에게 바로 전도를 했다. 학생들은 옥천읍내에 사는 중학생들인데 자전거를 타고 잠깐 들렀다고 했다.

두 명의 학생은 내 전도에 마음을 열고 다음 주부터 참석하기로 약속을 했다. 하나님께서 내가 도착하는 시간에 그 학생들을 거기에 있게 하신 것이었다. 그 학생들을 시작으로 학생들이 한 명씩 늘더니 나중에는 20여 명 가까이 부흥이 되었다.

주일마다 12인승 봉고차에 학생 16명을 태워 교회로 와 아침 10시부터 학생예배를 드렸다. 12승 차량에 16명을 태우면 앉을 곳이 없어서 학생들은 비명을 지르곤 했지만 나는 만선의 기쁨을 누리며 하나님께 감사드렸다.

그런데 학생들은 쉽게 변화되지 않았다.

교회에 나오면서도 계속해서 사고를 쳤다. 술을 먹고 담배를 피우고 다른 사람이 운영하는 마트의 유리창을 일부러 깨고 도둑질을 하면서 계속해서 말썽을 일으켰다. 학생들 중에는 소년원에 갔다 온 친구도 있어서 전체적으로 학생들의 수준이나 품성이 보통은 아니었다. 한마디로 특수목회였다.

또한 교회에 오는 학생들 중에는 학교에서 지진아 반에 속한 아이들이 여러 명이 있어서 아무리 쉽게 설명을 해도 말귀를 알아듣지 못했다. 보통 학생이면 한 번에도 알아들을 만한 내용을 다섯 번 정도는 반복해야 조금 이해하는 것 같았다. 학생들은 말씀에 집중하지 못하고 계속 엉뚱한 짓을 했기에 예배 시간은 그야말로 난장판이었다. 학생들은 말씀으로 변화가 일어나지 않았다.

아쉬운 점은 학생들 중 한두 명이라도 믿음이 있는 학생이 있으면 많은 도움이 되련만 그런 아이들이 한 명도 없는 것이 다른 학생들에게 본이 되는 삶을 보여 줄 수가 없어 어려움이 많았다. 혼자서 이런 특수반 학생들과 어른들을 감당하는 것이 쉽지 않았다.

시간이 지나 아이들이 고등학교를 졸업하고 학년이 올라가면서 많은 학생들이 자연스럽게 교회를 떠났다. 그러나 몇 년 동안 아이들의 마음속에 내가 심어놓은 복음은 그대로 남아 있을 것이라고 믿는다. 지금도 다른 지역에서 교회를 다니는 학생들이 있어서 감사하고 언젠가 하나님 앞으로 돌아올 것이라고 위안을 해 본다.

목회를 시작한 후 하나님께서 학생들 20여 명과 어른들 25명 정도를 보내주셔서 정신없이 시간을 보냈다. 1년이 지난 2015년 1월 초, 3일간 금식기도를 드린 후 하나님께 기도를 드렸다.

"하나님, 앞으로도 우리 교회에 성도를 매년 45명씩 보내주실 예정인지 알고 싶습니다."

하나님의 응답은 아주 의외였다.

"진짜 부흥은 교인의 숫자가 늘어나는 것이 아니고 제자의 숫자가 늘어나는 것이다"하고 말씀하셨다.

나는 망치로 머리를 한 방 맞은 기분이었다. '아, 하나님은 내가 교인들 숫자를 세는 것을 원치 않으시는구나. 정말 중요한 것은 한 사람 한 사람을 제자로, 완전한 자로 세워가는 것이구나'라고 깨달았다.

그 후로는 성도들 숫자 세는 것을 하지 않으려고 노력했다. 그리고 어떻게 하면 제자로 자라가게 할 것인지에 대해 깊이 고민하게 되었다. 우리 교회에서는 오전 11시 예배는 설교를 하지만 오후에는 설교를 하지 않고 성경공부 시간을 갖는다. 그렇게 하는 이유는 몇 년 전 회갑기념으로 미국과 캐나다 여행을 다녀왔는데 여행 중에 만난 여 집사님의 말씀 때문이다.

"목사님, 성도들 교육 좀 제대로 시켜주세요. 우리 교회 권사님은 권사라는 이름은 가지고 있지만 성경이나 성도의 삶에 대하여 너무 몰라 성도들로부터 많은 원성을 듣고 있어요."

집사님의 말씀이 맞다. 그래서 나는 성경공부 시간에 하나하나 완전히 짚어 주는 식으로 교육을 한다. 교회에 다니면 막연히 천국에 간다는 식이 아니라 왜 천국에 가는지 등의 기초부터 충실히 교육한다. 특히 나이 많은 어른들이 대부분인 시골교회이다 보니 이런 성경공부가 더 절실하다는 생각이 들었다.

우리는 하나님을 믿는다고 하면서 크고 강한 것을 얼마나 숭배하며 살아가고 있는가? 대리석으로 으리으리하게 지은 교회 건물과 많은 교인과 외국에서 박사학위를 받고 온 세련된 목사 밑에서 신앙생활을 해야 제대로 신앙생활을 하는 것으로 착각하며 살아가는 교인이 얼마나 많은지….

그러나 정작 본인들은 하나님께서 원하시는 제자의 모습으로 자라가고 있는지 고민조차 하지 않으며 신앙생활하고 있는지도 모른다. 이 시대에 하나님이 진정 원하시는 제자는 얼마나 될까?

1. 제자란 무엇입니까?

예수님을 믿고 구원받은 성도는 그것으로 끝이 아닙니다. 그때부터 새로운 시작인 것입니다. 모든 성도는 예수님의 제자로 자라가야 하는 숙제를 안고 있습니다.

제자라는 말은 원래 희랍어로 '마데테스'라고 하는데, 이 말은 '배우는 자'라는 뜻입니다. 우리는 예수님의 인격과 삶을 배우기 위하여 일평생 동안 그분만을 바라보며 그분만을 따라가야 합니다.

"그러므로 너희는 가서 모든 민족으로 제자로 삼아 아버지와 아들과 성령의 이름으로 침례를 베풀고"(마태복음 28장 19절)

예수님은 우리에게 모든 민족으로 제자를 삼으라고 당부하고 계십니다. 그런데 다른 사람들을 제자로 삼으려면 우선 나부터 제자가 되어야 합니다. 내가 제자가 안 되었는데, 다른 사람을 제자로 삼을 수는 없는 것입니다.

2. 제자는 어떤 삶을 살아야 합니까?

(1) 제자는 예수님이 누구인지 정확히 알고 믿어야 합니다.

제자는 예수님이 누구인지 정확히 알고 믿지 않으면 제자가 될 수가 없습니다. 예수님이 하나님의 아들 하나님이시라는 것과 예수님이 우리 인간의 모든 죄를 대신 짊어지시고 십자가에서 죽어주신 것과 예수님이 죽은 지 3일 만에 다시 부활하신 것을 온전히 알고 믿어야 합니다.

이 믿음이 조금도 흔들리면 안 됩니다. 예수님의 수제자 베드로는 너희는 나를 누구라고 생각하느냐? 하는 예수님의 질문에 주는 그리스도시오 살아 계신 하나님의 아들입니다 하고 100점짜리 대답을 하였지만, 예수님이 관원들에게 붙잡히시자 예수님을 모른다고 세 번이나 부인하였습니다.

예수님의 제자가 되기 위해서는 온전한 믿음을 갖고, 우리의 전인격으로 예수님을 따르고, 우리의 모든 가치와 모든 삶으로 헌신하는 삶을 살아가야 합니다. 그야말로 하루하루 피를 흘리면서까지 치열하게 싸우는 인생을 살아야 합니다.

(2) 제자는 예수님과 같은 방향으로 가야 하고, 예수님의 마음과 눈물과 심장으로 살아가는 사람입니다.

제자는 항상 예수님과 같은 방향을 바라보아야 합니다. 신앙생활에서 가장 중요한 것은 예수님과 같은 방향으로 가고 있는가? 하는 것입니다. 만약에 지금 예수님과 조금이라도 벌어져 있다면 그 간격은 시간이 갈수록 더욱 크게 벌어질 것입니다.

(3) 제자는 예수님을 온전히 닮아가는 사람입니다.

제자는 예수님을 온전히 닮아가는 사람입니다. 국어책에 나왔던 큰 바위 얼굴처럼 하루 24시간 그분에게 우리의 눈이 고정되고, 마음이 고정된 상태로 살아가야 합니다. 그렇게 살아가다 보면 우리도 모르는 사이에 예수님을 닮아있는 우리 자신의 모습을 발견하게 될 것입니다.

(4) 제자는 예수님이 주신 사명을 붙잡고 살아가는 사람입니다.

우리 성도는 하나님께서 각자에게 주신 사명을 완수하기 위해서 하나님께로부터 이 세상에 보냄을 받은 사람들입니다. 우리는 하나님의 나라를 세워가고 확장하는 일에 쓰임 받기 위해 이 땅에 보냄을 받은 사람들입니다.

제자는 사명을 붙잡고 살아가는 사람입니다. 사명은 우리를 위대하게, 용감하게, 부지런하게, 성실하게 그리고 진지하게 만들어 줍니다. 사명을 붙잡고 살아갈 때 생각하는 것이 달라지고, 말하는 것이 달라지고, 행동하는 것이 달라집니다.

하나님은 사명을 붙잡고 살아가는 사람을 찾으십니다. 우리 성도는 모두 예수님의 제자로, 사명자로 자라가야 합니다. 제자는 사명을 붙잡고 하나님께 충성을 다하는 사람입니다. 사명을 붙잡고 살아가는 제자는 어떤 대가도 바라지 않고 충성을 다 합니다. 그렇게 사명을 붙잡고 사명에 충성스럽게 헌신하는 제자에게 하나님은 한량없는 복을 내려 주십니다.

(5) 제자는 하나님의 뜻을 이루어 드리는 사람을 말합니다.

제자는 당연히 하나님 아버지의 뜻을 이루어 드리는 삶을 살아가야 합니다. 하나님 아버지의 뜻은 세상의 모든 사람들이 영생을 얻는 것입니다. 제자는 믿지 않는 사람들이 영생을 얻도록 그들에게 복음을 전해야 하는 책무가 있습니다. 믿지 않는 사람들이 영생을 얻도록 최선을 다하는 삶을 살아가는 것이 바로 제자의 삶입니다.

3. 우리 모두는 제자로 자라가야 합니다.

예수님을 닮은 제자가 부족한 교회는 항상 분열과 시끄러운 소리가 납니다. 교회에 교인은 많아도 제자가 부족하면 교회 안에서 분열과 다투는 소리가 항상 나옵니다.

교회의 본질은 복음을 전파하는 일, 가르치는 일, 제자로 양육하는 일이 본질인데, 이 일을 등한시하고 엉뚱한 일에 열심을 내면, 교회가 항상 시끄럽게 됩니다. 예수님은 우리에게 지금 질문하고 계십니다.

"너는 내 제자가 맞니? 그렇다면 내가 당부한 땅끝까지 복음을 전파하는 지상 최대의 사명에 집중하는 삶을 살아가기를 바란다. 그리고 그리스도의 삶을 네 삶으로 증명해 줄 수 있겠니?"

조선 시대 임연 이양연(서산 대사의 시라는 설도 있음)의 시는 제자의 삶을 보여주고 있습니다.

踏雪野中去(답설야중거)
不須胡亂行(불수호란행)
今日我行跡(금일아행적)
遂作後人程(수작후인정)

눈 덮인 들판을 걸어갈 때는
발걸음을 어지럽게 걷지 말지어다.
오늘 내가 디딘 발자국은
언젠가 뒷사람의 이정표가 되리니.

14장

하나님,
작은 교회는
선교도 못 합니까?

작은 시골교회에서 1명의 파송 선교사와
5명의 후원선교사를 지원하다

나는 목회를 하기 전에 하나님께 "어떤 목회하기를 원하세요"라고 몇 달 동안 기도로 여쭈었다. 그때 하나님은 "전파하고 가르치며 완전한 자로 세우는 교회를 하라"라고 알려주셨다. 그래서 나는 우리 교회의 첫 번째 목표를 '전파하는 교회 즉 전도와 선교에 집중하는 교회'가 되게 하려고 노력한다.

어느 날 새벽기도 중 갑자기 이런 기도를 하게 되었다.

"하나님, 전파하는 교회를 하라고 하셨는데 전파하는 것은 국내에서 하면 전도이고 해외에서 하면 선교인데 우리 교회는 작아서 전도만 하고 있고 선교는 아직 하지 못하고 있습니다. 그런데 하나님 저는 선교도 하고 싶습니다. 그러니 선교하게 해 주옵소서. 하나님, 작은 교회는 선교도 못 합니까?"

이런 기도를 올려드리는데 눈물이 한없이 흘러내렸다.

선교는 하고 싶은데 교회가 그럴 형편이 되지 못해 너무 한스러운 생각이 들어 눈물이 쏟아진 것이다.

기도를 마친 후 "이 기도는 하나님께서 분명히 받으셨겠구나"라는 생각이 들었다.

한 달 정도의 시간이 지난 후에 평소 알고 지내던 후배 전도사가 전화를 했다.

후배 전도사는 "대전의 한 교회에서 교육전도사로 헌신하고 있는데 새벽부터 밤 10시까지 교회 일만 하고 있습니다"라며 "앞으로 해외에 나가 박사학위를 공부하고 싶어 지금 침례신학대학원에서 일반 석사과정을 공부하고 있는데 교회 일을 하느라 너무 시간이 없어 계획에 차질이 생기는 것 같아 걱정입니다"라고 말했다. 그러면서 괜찮다면 우리교회에 와서 공부도 하면서 해외에 나가서 선교도 하고 학위과정도 했으면 좋겠다고 말했다.

후배 전도사와 전화 통화를 하며 얼마 전 새벽예배 때 올려드린 기도가 생각났다. '하나님께서 그 기도 응답으로 후배 전도사를 보내주시는구나'라는 생각이 들었다. 나는 "우리 교회는 작아서 사례금을 줄 수는 없지만 원한다면 이곳에서 준비해도 좋다"고 해 후배 전도사는 우리 교회로 오게 되었다.

후배 전도사는 우리교회에 온 후 목사안수를 받고 지금은 남아프리카 공화국 프레토리아에서 선교와 학위과정을 열심히 공부 중인 여00 전도사이다.
나는 여 전도사에게 얼마나 감사한지 모른다.
프레토리아에는 한국 교회에서 세운 두란노 신학교가 있는데 빈민촌에서 목회를 하고 있는 현지인 흑인 목사들은 성경에 관한 수준이 우리나라에 비해 많이 떨어진다고 한다.
때문에 그들에 대한 신학교육과 신앙교육은 너무나 절실한 형편이다. 교육은 모두 영어로 진행하는데 여 선교사는 영어에 능통하여 다른 선교사보다 능숙하게 강의를 하니 하나님의 놀라운 예비하심의 은혜가 아닐 수 없다. 우리나라 선교사들로부터 배운 따끈따끈한 신앙 지식이 빈민촌 현장 목회자들을 통하여 제자를 양육하게 되었으니 얼마나 다행스러운 일인가?

또한 남아공의 백인 부잣집 가정부 중에는 인근 가난한 나라에서 온 여자들이 많으나 주일날 예배드릴 곳이 마땅치 않다. 여 선교사는 이런 가정부들 30여 명을 나무 밑에 모아놓고 영어로 예배를 인도하고 먹을 것을 나누어 주면서 제자로 양육하고 있다.

그들의 신앙이 잘 자란 후 고국으로 돌아가면 예수님의 제자로서 그곳 사람들에게 복음을 전할 것이기에 그 나라의 깊은 곳에 복음이 흘러 들어가게 될 것이다.

언젠가 아프리카 모든 지역으로 복음이 흘러 들어가서 그곳에서도 하나님의 나라가 이루어지길 소망하며 함께 기도한다.

또한 그곳에서 여러 가지 연합교회 사역도 담당하고 있어 작은 교회에서 선교하는 보람이 크다. 여 선교사의 아내인 김 사모님은 간호사 출신으로 그곳에서 의료선교사를 도와 함께 의료 사역을 할 때도 있다. 우리같이 작은 교회에서 여 선교사에게 매월 130만 원의 선교비를 보낼 수 있는 것은 전적으로 하나님의 은혜이다.

우리 교회는 여 선교사 이외에도 해외선교사 4명과 국내 대학생 선교단체 간사 1명에게 매월 일정액을 지원한다. 튀니지 2명, 우즈베키스탄 1명, 불가리아 1명, 부산 경성대학교 빚진 자들 선교단체 간사 1명이다.

우리 교회처럼 작은 시골교회에서 매월 2백만 원의 선교비를 지원하는 것은 기적이다.

하지만 나는 이렇게 하나님께서 일하심을 보여주시는 것에 감사할 따름이다. 1년 예산이 5천만 원도 안 되는 교회에서 어떻게 이런 일이 일어날 수 있을까?

참으로 불가사의한 일이다.

이 선교사역을 통해 하나님께서는 내게 "하나님은 우리의 수준과 능력은 보지 않으신다"는 것을 깨닫게 하셨다. 단지 우리 마음 중심의 생각과 믿음만 보신다는 큰 감동을 주셨다. 우리 교회의 수준과 능력으로는 결코 할 수 없는 일을 하게 하시며 "목회란 "나는 못 합니다. 그러나 하나님은 하십니다"라는 정신을 배워가는 것"이라는 걸 알게 하셨다.

또한 하나님께서는 필요할 때마다 도움의 손길을 보내주신다는 것도 체험했다. 우리 교회보다 더 어려울 수 있는 대전 행복한 교회 신용훈 목사님과 대전에서 에덴실버요양원을 운영하시는 정해철 목사님께서 귀한 선교비를 보내주신다. 우리같이 작은 교회에서 선교사역을 하는 것이 감동이었는가 보다. 가끔 아들과 며느리, 사위와 딸, 그리고 천안에서 초등학교 교장으로 헌신하고 있는 강해자 처제가 선교비를 보내주고 있어서 많은 도움이 되고 있다.

할렐루야, 하나님 감사합니다.

지금은 우리 교회에서 369운동을 하고 있다.

1. 성도 300명을 주옵소서.

2. 재정의 60%까지 선교하게 하옵소서.

3. 선교사 90명을 파송 및 후원하게 하옵소서.

하나님께서는 내게 교인의 숫자는 중요하지 않다고 하셨지만 90명의 선교사를 후원하려면 300명 정도의 성도가 있어야 할 것 같아서 이렇게 기도한다.

한번은 어떤 목사가 "왜 90명의 선교사입니까? 혹시 구우일모의 9 때문에 90명인가요?"라고 물었다. 나는 웃으며 "예, 그렇습니다"라고 대답했다.

그러나 하나님은 300명의 성도가 없어도 우리의 수준과 능력을 보지 않으시기에 어떤 형태로든 그 일을 이루어 가실 거라고 나는 확신한다.

1. 전도는 왜 하여야 합니까?

구원의 기쁜 소식을 다른 사람에게 전하는 것을 전도라고 합니다. 전도는 교회의 존재 이유이고 목적입니다. 복음을 전하는 것은 교회의 여러 가지 사역 중에서 최우선순위에 있는 가장 중요한 것입니다.

예수님께서 땅끝까지 가서 제자를 삼으라고 하신 명령을 우리는 주님의 지상명령(Great commission)이라고 합니다. 주님은 전도하고 선교하는 일을 가장 기쁘게 생각하십니다.

예수님은 처음 공 사역을 시작하실 때도 전도하러 오셨다고 하셨고, 마지막에 승천하실 때도 땅끝까지 가서 제자를 삼으라고 전도를 부탁하셨습니다. 그래서 전도는 예수님의 첫 번째 지상명령이고 마지막 유언과 같은 지상명령인 것입니다.

그런데 우리는 주님의 지상명령을 대 누락(Great omission) 하며 살아가고 있습니다. 이런 삶을 주객이 전도된 삶이라고 합니다. 본질을 잃어버리고 허상을 붙잡고 살아가는 삶인 것입니다.

그런 삶을 살아가는 우리에게 주님은 말씀하십니다. 주님의 나라와 의를 먼저 구하라고 말입니다.

"너희는 먼저 그의 나라와 의를 구하라 그리하면 이 모든 것을 너
희에게 더하시리라"(마태복음 6장 33절)

우리가 인생을 살아가면서 잊지 말아야 하는 중요한 것은
삶의 우선순위를 잘 정하고 살아가는 것입니다. 주님은 우리
에게 자신의 생명을 주신 분이십니다. 그렇기 때문에 우리 마
음의 첫 번째 자리에 주님이 항상 있기를 원하십니다.

아니 첫 번째보다 더 중요한 우리 마음 전부에 주님으로 가
득 채워지길 원하고 계십니다. 자신의 심령에 주님으로 가득
채워진 성도는 자신의 삶으로 예수님을 증명하는 삶을 살아
가는 것입니다.

2. 선교는 무엇입니까?

스위스의 유명한 신학자 에밀 부룬너는 이렇게 말했습
니다.

"불은 타오름으로 존재하듯 교회는 선교함으로 존재한다."

그렇습니다. 교회는 땅끝까지 선교하기 위하여 존재합니
다. 선교를 통하여 뜻이 하늘에서 이루어진 것처럼 이 땅에서
도 하나님의 뜻이 이루어져 갈 것입니다.

선교(宣敎)라는 말은 라틴어 '미시오'에서 유래한 말인데,
'보냄을 받았다'라는 뜻입니다. 선교는 문화와 인종이 다른

사람들에게 복음을 전하는 것을 말합니다. 예수님은 하나님으로부터 인간을 구원하시기 위하여 이 땅에 보냄을 받으신 분이십니다.

예수님은 하늘나라에서 이 땅으로 선교하러 오셨기 때문에 우리도 전도자의 삶을 살아가야 합니다.

"이르시되 우리가 다른 가까운 마을들로 가자 거기서도 전도하리니 내가 이를 위하여 왔노라 하시고"(마가복음 1장 39절)

3. 한국 교회의 현실을 생각해 봅니다.

지금 한국 교회의 현실은 어떠한지 생각해 보면, 교회가 세상을 이끌어가는 것이 아니고, 오히려 세상이 교회를 걱정하는 세상이 되었습니다. 목회자의 타락한 모습이 너무나 자주 매스컴에 나오고 있는 실정입니다. 그렇기 때문에 전도가 안 되고, 부흥이 막혀 버렸습니다.

첫째, 기도가 약해졌습니다.

기도의 야성이 사라져, 하나님의 능력이 나타나지 않는 교회가 되었습니다. 한국 교회는 지금 많은 돈과 유력한 사람들을 가지고 있어 힘이 있습니다. 그러나 하나님의 능력은 나타나고 있지 않습니다.

지금은 그전처럼 기도를 많이 하는 목사도 성도도 별로 없습니다. 그러다 보니 교회에서 하나님의 능력과 권능이 나타나지 않고 있는 것입니다. 교회의 부유함과 성도들의 풍성한 삶이 예수 이름의 권세를 교회 밖으로 다 몰아낸 것은 아닐까 하는 생각을 해 봅니다.

둘째, 정체성을 잃어버렸습니다.

지금 우리 성도들은 포스트모더니즘 시대, 인본주의, 물질 만능주의 속에 살면서 그리스도인이라는 정체성을 잃고 가치관의 혼재 속에서 살아가고 있습니다. 하나님을 믿는다고 하면서도 수단과 방법을 가리지 않고 높은 자리에 올라가려고 하고, 돈을 사랑함이 세상 사람들과 동일하고, 여전히 세상의 논리와 가치관으로 살아가고 있습니다. 하나님을 믿으면서도 여전히 크고 강하고 화려한 것을 좋아하고, 성공지상주의, 인본주의로 살아가고 있습니다.

셋째, 예수님이 찾으시는 제자가 별로 없습니다.

소돔과 고모라 땅은 하나님께서 찾으시는 의인 10명이 없어서 멸망을 당하고 말았습니다. 지금 한국 성도는 1천만 성도를 자랑하고 있지만, 과연 하나님의 찾으시는 제자는 몇 명이나 될까요?

엘리야 시대에도 바알에 무릎 꿇지 않은 사람들을 7천 명이나 숨겨 놓으셨다고 하셨으니까, 이 시대에는 70만 명은 될까요? 아니 7만 명은 될까요? 이 물음 앞에 내 마음의 옷깃을 여미어 봅니다.

📖 짐 엘리엇 이야기

짐 엘리엇은 1956년도에 미국의 명문대학인 휘튼대학을 수석으로 졸업한 뛰어난 사람이었습니다. 그는 남미 에콰도르 아우카 부족에게 복음을 전하기 위하여 친구 4명과 함께 경비행기를 탔습니다.

그러나 그와 친구들은 복음을 제대로 전해보지도 못하고 모두 살해된 채로 발견되었습니다. 아우카 부족은 아주 사나운 종족들이었는데, 부족민들은 복음을 전하기 위해 들어오는 젊은이들을 창으로 무참히 찔러서 죽였습니다.

그런데 그 당시에 짐 엘리엇과 친구들에게는 총이 있었습니다. 그러나 그들은 총을 사용하지 않고 순교를 당한 것입니다. 그러자 미국 언론들이 난리가 났습니다.

미국의 유능한 젊은이들이 아주 미개한 나라의 사람들에게 복음을 전하려다가 복음도 전해보지도 못한 체, 비참하게 죽은 것 때문에 엄청난 비난 여론이 들끓었습니다.

그러나 다섯 명의 선교사 아내들은 모두 아우카 부족의 땅에 다시 들어갔습니다. 오직 복음을 전하기 위해서 말입니다. 아우카 부족은 여인들은 죽이지 않는다는 전통 때문에 그들은 죽지 않고 부족을 위해 헌신할 수가 있었습니다.

아우카 부족들은 이 여인들의 헌신과 사랑에 감동하게 됩니다. 그들의 사랑의 헌신에 감동한 부족민 중에 한 사람이 짐 엘리엇의 부인 엘리자베스에게 이렇게 질문을 합니다.

"당신들은 무엇 때문에 우리를 위해서 고생합니까?"

"우리 남편들은 당신들에게 하나님을 알려주기 위해 이곳에 왔습니다. 당신들이 그들을 죽여 뜻을 이루지 못했지만, 우리는 남편들이 그렇게도 당신들에게 전해 주고 싶었던 말을 꼭 들려주고 싶어서 왔습니다."

"그것이 무엇입니까?"

"예수님입니다. 예수님은 여러분을 사랑하십니다."

이 피 묻은 복음으로 인하여 그들에게 놀라운 감화가 일어났습니다.

짐 엘리엇의 부인 엘리자베스는 남편 짐 엘리엇이 죽었을 당시에 언론에서 "이 무슨 낭비인가?"라고 사설을 써서 혹독하게 비판한 기자에게 자신의 남편이 휘튼대학 재학시절에 쓴 일기를 보내주었습니다.

"영원한 것을 위해서 영원하지 않은 것을 버리는 사람을 결코 어리석은 것이 아니다. 이 쓸모없는 나뭇가지에 불을 붙여 주시고, 내 삶을 주의 영광을 위해 태워 주시옵소서. 저는 오래 살기보다는 주님을 위해 풍성한 삶을 살기를 원합니다."

짐 엘리엇을 비롯해서 다섯 선교사를 죽였던 사람들은 놀랍게도 모두 예수를 영접했고, 그중 4명은 목사가 되었으며,

한 명은 전도자가 되었습니다.

　이들에게 침례를 베풀었던 사람은 바로 다섯 명의 순교자 중 한 명인 네이트 세인트의 아들 스티브 세인트였습니다. 순교자의 아들이 후에 선교사로 들어가서 자신의 아버지를 살해한 다섯 명에게 침례를 주었던 것입니다.

　이것이 바로 예수님의 사랑을 덧입은 사람들이 목숨 걸고 땅끝까지 들어가서 복음을 전파하는 실제상항인 것입니다. 이렇게 해서 하나님의 나라는 세워지고 확장되고 있는 것입니다. 언젠가 땅끝까지 복음이 전파되면 예수님의 재림은 반드시 이루어질 것입니다.

　이 내용은 「창끝」이라는 영화로 만들어져서 많은 사람들에게 잘 알려진 실화입니다.

서 시

죽는 날까지 하늘을 우러러
한점 부끄럼이 없기를
잎새에 이는 바람에도
나는 괴로워했다.
별을 노래하는 마음으로
모든 죽어가는 것을 사랑해야지
그리고, 나한테 주어진 길을
걸어가야겠다.

오늘 밤에도 별이 바람에 스치운다.

– 윤동주 –

15장

그런데, 하나님 성령 충만이 뭐지요?

성령 충만은 주마가편(走馬加鞭)이니라

대전의 영명 교회에서 교육전도사로 헌신하고 있을 때의 일이다. 나는 중·고등부 학생 30여 명에게 매주 설교를 하고 아이들을 양육하는 일을 맡고 있었다. 어느 주일에는 성령 침례와 성령 충만에 대하여 설교를 해야 했다.

설교 하루 전 토요일 나는 거실 소파에 앉아 있었다. 내일 하게 될 설교를 생각하다가 갑자기 하나님께 질문했다.

"하나님, 성령 충만이 뭐지요?"

하나님께서는 내 머릿속에 '주마가편'이라는 검은색 글씨 네 글자를 정확하게 보여주셨다. 나는 너무나도 즉각적인 응답에 감사하면서도 상당히 놀랐다.

'내가 혼잣말처럼 한 것인데 응답을 주시다니…. 하나님은 우리가 하는 말을 다 듣고 계신다'라고 생각하니 소름이 끼쳤다.

나는 주마가편(走馬加鞭)이라는 단어의 뜻을 생각해보았다. 이는 달리는 말에 채찍질한다는 뜻이다. 그런데 달리는 말에 채찍질하는 것이 어떻게 성령 충만이란 말인가? 나는 곰곰이 생각했다. 우리가 진심으로 예수님을 구주와 주님으로 영접하면 우리 안에 성령님이 들어오신다. 이것을 성령 침례(세례) 상태라고 한다. 이는 말이 서서히 걷거나, 서서히 달리는 상태라고 말할 수 있다.

말이 전속력으로 달리려면 채찍질을 해야 한다.

그러니까 성령 충만 상태가 되려면 말에게 말씀으로 채찍질을 해야 하고 기도로 채찍질을 해야 하고 순종과 헌신으로 채찍질을 해야 한다. 그러니까 말에게 채찍질을 해 말이 전속력으로 달리는 상태가 바로 성령이 충만한 상태라는 뜻이다.

말이 전속력으로 달리는 상태에서 말은 옆을 보지도 않고 딴짓을 하지도 않고 오직 목표를 향해 앞만 보고 전속력으로 달린다. 우리가 성령이 충만하면 옆을 돌아보지 않고 사명에만 집중하는 삶을 살아간다. 오직 우리의 유일한 푯대이신 예수그리스도만 바라보고 전속력으로 달려간다. 이 상태가 성령 충만이라고 알려주신 것이다.

　나는 너무도 감사했다. '학생들에게 성령 충만을 어떻게 쉽게 설명해야 하나?'라고 고민하다가 답답한 마음에 혼잣말처럼 하나님께 여쭤본 것인데 이렇게 즉각적으로 응답을 주시니 너무나 감사할 뿐이었다.

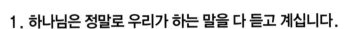

1. 하나님은 정말로 우리가 하는 말을 다 듣고 계십니다.

모든 것을 아시는 전지하신 하나님의 귀는 전 세계에 열려 있습니다. 그래서 다 듣고 계십니다. 하나님은 우리가 혼잣말하는 것도 다 들으시며, 작은 신음소리도 다 듣고 계십니다.

이스라엘 백성들이 하나님께서 들어가서 차지하라고 하신 젖과 꿀이 흐르는 가나안 땅에 들어가기 전에, 정탐꾼들을 보낸 다음 그들의 부정적인 보고를 그대로 믿고, 자기 자신들이 메뚜기 같다고 하면서 메뚜기 신앙을 가졌을 때, 하나님은 그들을 정말로 메뚜기처럼 대접을 해 주셨습니다. 그들은 끝내 약속의 땅에 들어가지도 못하고 광야에서 이슬처럼 다 스러져갔습니다.

"그들에게 이르기를 여호와의 말씀에 내 삶을 두고 맹세하노라
너희 말이 내 귀에 들린 대로 내가 너희에게 행하리니"(민수기
14장 28절)

2. 우리는 항상 긍정적인 생각과 말만 하여야 합니다.

더럽고 추하고 교만하고 정욕적인 생각들은 모두 마귀로부터 옵니다. 부정적인 생각들이 우리 마음에 들어올 때 바로 털어버려야 합니다.

종교개혁자 마틴 루터는 이렇게 말했습니다.

"새가 우리 머리 위로 날아다니는 것을 막을 수 없다. 그러나 새가 우리 머리 위에 집을 짓는 것은 막을 수 있다."

우리 마음 안에 욕심이 들어오면, 그 욕심이 우리 마음 안에 집을 짓지 못하도록 반드시 헐어버려야 합니다. 욕심이 잉태하면 반드시 자라가게 되어있고, 자라나면 그것이 죄가 되고, 죄의 결과는 사망이 되는 것입니다.

"욕심이 잉태한즉 죄를 낳고 죄가 장성한즉 사망을 낳느니라"(야고보서 1장 15절)

인간은 자신의 마음에 있는 것이 입 밖으로 나오게 됩니다. 돈 중심의 삶을 살아가면 돈 이야기만 합니다. 쾌락 중심의 삶을 살아가는 사람은 이성에 관한 이야기만 합니다. 성도는 어둠의 일을 버리고, 빛의 자녀답게 살아가야 합니다. 예수님의 빛의 스위치를 켜면 어둠은 한순간에 물러납니다. 빛 안에는 어둠이 없습니다.

3. 성도에게 가장 중요한 것은 성령 충만입니다.

창세기에 보면, 하나님께서 자기 형상 곧 하나님의 형상대로 사람을 지으시고, 그 사람의 코에 하나님의 숨결을 불어넣으시자 사람이 생령이 되었습니다.

그래서 사람 속에는 영원한 하나님의 생명이 존재하게 되었고, 이것이 인간의 영성입니다. 그러나 인간이 죄를 범하므로 하나님의 형상을 잃어버리게 된 것입니다.

인간이 하나님의 형상을 잃어버리고 죄악 속에서 살아가고 있을 때, 하나님의 아들이신 예수님께서 사람의 모습으로 내려오셔서, 인간의 죄를 대신 짊어지시고, 죽어주시고, 부활하심으로 인하여 영원한 생명을 다시 찾아주셨습니다.

그리고 예수님께서 부활 승천하신 후에 보혜사 성령님을 보내 주셨고, 모든 믿는 자의 심령에 들어오셔서 떠나가지 않도록 해 주셨습니다. 이 일로 인해 인간이 하나님과 다시 연합하게 되었고, 새로운 피조물로 거듭나게 된 것입니다.

예수님을 믿는 자에게 성령이 계시다는 것은 하나님의 생명이 인간에게 들어온 것을 말하므로, 이제 인간은 하나님의 영원한 생명을 소유하게 된 것입니다. 그래서 믿는 자는 반드시 성령을 받아야 하고, 받아도 가득하게 받아야 하는데, 이런 상태를 성령 충만이라고 합니다.

성도가 성령이 충만하면

(1) 하나님의 자녀로서의 정체성이 뚜렷하게 나타납니다.

성령이 충만하면 예수님의 마음을 품게 됩니다. 예수님은 우리에게 사랑, 온유, 겸손, 순종, 섬김 등의 본을 보여주셨습니다. 예수님께서 보여주신 그 길을 따라서 살아가는 것이 바로 하나님의 자녀의 정체성입니다.

"인자가 온 것은 섬김을 받으려 함이 아니라 도리어 섬기려 하고 자기 목숨을 많은 사람의 대속물로 주려 함이니라"(마태복음 20 장 28절)

(2) 성령의 열매를 거두게 됩니다.

성령이 충만하면 성령의 열매를 거두게 됩니다. 성령의 열 매는 사랑, 희락, 화평, 오래 참음, 자비, 양선, 충성, 온유, 절 제 등의 열매를 말합니다.

"이와 같이 좋은 나무마다 아름다운 열매를 맺고 못된 나무가 나 쁜 열매를 맺나니"(마태복음 7장 17절)

(3) 죄를 이기고 세상을 이기고 마귀를 이길 수 있습니다.

성령은 하나님의 빛의 영이시고, 거룩의 영이시고, 생명의 영이시기 때문에 성령이 충만하면 죄를 이기고, 세상을 이기 고, 마귀를 이길 수가 있습니다. 이겨도 넉넉히 이기는 역사 가 일어납니다.

성령이 충만해야 육체의 소욕대로 살아가지 않고, 오직 성 령의 소욕대로 살아갈 수가 있게 됩니다. 결국 성령이 충만해 야 승리자의 삶을 살아갈 수가 있는 것입니다.

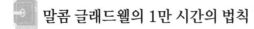

우리는 어떤 사람들이 보통사람들의 범주를 뛰어넘는 놀라운 성공을 이루면 제일 먼저 그 사람의 지능지수가 어떤지에 관심을 표명합니다. 그런 성공을 거둔 것이 마치 그 사람이 천재적인 머리를 갖고 태어났기 때문에 그럴 것이라고 생각을 합니다.

그러나 말콤 글래드웰은 누구든지 자기 분야에서 1만 시간을 꾸준히 노력한다면, 그런 놀라운 성공을 거둔 삶(아웃 라이어)을 살아갈 수 있다고 말합니다.

그런데 1만 시간은 그렇게 만만한 시간이 아닙니다. 1만 시간은 매일 하루도 빠짐없이 3시간씩 연습한다고 가정했을 때, 10년 동안 해야 하는 엄청난 시간입니다. 이렇게 하였을 때 우리의 뇌는 최적의 상태가 된다고 합니다.

이것은 우리가 지금까지 알고 있었던 편견을 깨뜨리는 새로운 이론입니다. 우리는 지금까지 지적으로 머리가 뛰어나고 영리한 사람이 최고 정상에 오른다는 생각을 하며 살았습니다. 그러나 뛰어난 성공을 이룰 수 있는 첫 번째 요인은 뛰어난 지능이 아니고, 1만 시간의 끊임없는 노력이라는 것입니다.

이적(異蹟)

발에 터부한 것을 다 빼어 버리고
황혼의 호수 위로 걸어오듯이 나도 사뿐사뿐 걸어보리이까?

내사 이 호수로
부르는 이 없이
불리워 온 것은
참말 이적이외다.

오늘 따라
연정(戀情), 자홀(自惚), 시기(猜忌), 이것들이
자꾸 금메달처럼 만져지는구려

하나, 내 모든 것을 여념 없이
물결에 씻어 보내려니
당신은 호면(湖面)으로 나를 불러내소서.

– 윤동주 –

16장

목사님, 계좌번호 좀 알려주세요

주님은 다 보고 계신다

2014년 서정교회에 부임하면서 교회 사택으로 이사를 했다. 사택은 단층 슬래브 집이었는데 작은 방이 두 개밖에 없어 아이들이 잘 방이 없었다. 그래서 교회 사택 위에 조립식 주택을 짓기로 했다. 이미 낡고 오래된 교회 화장실까지 공사하려니 재정이 꽤 들어가게 되었다. 재정문제를 해결하기 위해 침례교단 총회의 기금을 빌려 이 문제를 해결하기로 했다.

공사는 하나님의 은혜로 잘 마무리되었다. 그리고 더욱 감사한 것은 공사하던 인부 세 명에게 전도해 모두 우리 교회에 나오게 된 것이었다.

총회에서 빌린 돈은 매월 원금과 이자를 상환하는 조건이었는데 갚아야 할 돈이 1천만 원 정도 남았을 때 문제가 발생했다. 총회에서 돈을 빌릴 때 교회 성도의 집을 담보로 빌렸는데 갑작스럽게 담보물건을 해지해 주어야 했다.

어쩔 수 없이 마이너스 통장에서 1천만 원을 빌려 총회 빚을 갚아 담보를 해지했다. 그러고는 자연스럽게 하나님께 기도를 드렸다.

"하나님, 마이너스 통장은 이자가 높아 우리 교회에 부담이 됩니다. 이 빚을 속히 좀 갚아주옵소서."

기도를 드리고 며칠이 지난 후에 먼 지역에 사는 홍 집사로부터 "목사님, 계좌번호 좀 알려주세요?"라는 문자가 왔다. 이렇게 외부에서 헌금을 보낼 때는 대부분 20~30만 원 정도를 보내기에 이번에도 그럴 것이라고 생각해 "집사님, 너무 감사합니다. 하나님이 기뻐하시는 곳에 잘 사용하겠습니다"라고 미리 답변을 보냈다.

잠시 후 휴대폰으로 문자가 도착했기에 확인해 보니 홍 집사님이 보낸 돈은 500만 원이었다. 나는 깜짝 놀랐다. 우리 교회 형편으로는 50만 원도 큰돈인데 그 10배인 500만 원을 보낸 것이다.

문자를 확인한 후 며칠 전부터 기도하던 내용이 주마등처럼 스치고 지나갔다. 하나님께서 그 기도에 대한 응답을 이토록 속히 해 주신 것이었다. 큰 교회에게 500만원은 작은 돈일지 모르지만, 우리처럼 1년 예산이 5천만 원도 되지 않는 작은 교회에서는 너무나 큰 액수다.

나는 엉엉 울면서 "하나님, 너무너무 감사합니다. 하나님, 이렇게 빨리 기도에 응답해 주셔서 감사합니다"라고 감사기도를 드렸다. 그 후에 가만히 생각해 보니 "왜 천만 원을 다 갚아주시지 않고 딱 반만 갚아주시지?"라는 생각이 들었다. 나는 하나님께 "왜 반만 갚아주시나요?"라고 여쭈었다.

하나님은 내 마음에 "나머지는 너희 교회에서 십시일반으로 갚아라"라는 감동을 주셨다. 나는 개인 비상통장에 백만 원이 넘는 금액이 있다는 것을 알고 있었다. 나는 그 돈을 모두 찾아서 하나님께 드려야겠다고 생각했다.

당시 우리 집은 경제적으로 상당히 힘든 상황이었다. 지금도 나아진 것은 전혀 없다. 왜냐면 하나님께서 세종시에 상가를 두 개 주셨는데 그 상가에 모든 자금이 들어갔기 때문이다. 그 탓에 우리는 생활비도 턱없이 부족한 상태였다. 그래서 항상 마이너스 통장을 사용하며 지냈다.

그러나 그런 사정을 생각할 상황이 아니었다.

나는 바로 은행으로 달려가 비상통장의 전액을 인출했다. 금액은 총 1,708,020원이었다. 나는 주일날 전액을 헌금으로 드리고 성도들에게 주중에 있었던 일에 대하여 자초지종을 설명했다.

그리고 하나님께서 감동을 주시는 분들은 헌금에 동참해 주시면 고맙겠다고 전했다. 그런 광고를 하면서도 큰돈이 모일 거라고 생각하지 않았다. 많으면 20~30만 원가량이 모일 거라고 생각했다.

예배가 끝난 후 세 명의 성도가 헌금을 하겠다고 자원했다. 그런데 갚아야 하는 금액보다 더 많은 헌금이 모여 단번에 1천만 원의 빚이 해결되었다. 문제가 발생하고 10일도 지나지 않아서 문제가 완전히 해결된 것이다.

이 사건으로 나는 또 하나를 깨달았다. '하나님은 정말로 우리의 수준이나 능력은 보시지 않는구나'라는 것이다. 하나님은 우리를 불꽃 같은 눈으로 정확히 감찰하고 계시다는 것을 확실히 알 수 있었다. 하나님은 하나님의 교회가 어려움에 처하는 것을 그냥 바라보기만 하는 분이 절대 아니시다.

우리는 우리의 수준이나 능력이 형편없으면 그것 때문에 아무것도 할 수 없다고 미리 자포자기한다. 하지만 하나님은 우리의 수준이나 능력은 보지 않으신다. 우리 마음의 중심만 살피신다.

다윗은 17세 정도의 어린 목동이었지만 하나님은 다윗의 수준이나 능력은 보지 않으셨다. 하나님은 오직 하나님만을 의지하는 다윗의 믿음과 하나님과 친밀한 교제 속에 있는 삶만을 보셨다. 하나님은 그것만으로 충만하셨다.

그러면 하나님은 항상 우리 편이 되어주신다. 우리가 하나님 편이면 하나님은 항상 우리 편이 되어 주신다. 그래서 우리는 아무것도 염려할 필요가 없다. 우리는 우리 수중에 돈이 없는 것 때문에 또한 능력이 부족한 것 때문에 염려할 필요가 없다.

우리가 염려해야 할 유일한 것은 하나님께서 원하시는 온전한 믿음과 주님께서 기뻐하는 삶이 없음에 대하여 진심으로 근심하고 걱정해야 한다.

1. 성도는 진짜 믿음으로 자라가야 합니다.

성도는 예수그리스도를 온전히 믿는 사람을 말합니다.

성도는 분명한 믿음의 대상이 있습니다. 성도는 그냥 막연히 어떤 사상을 믿거나 교리만을 달달 외우는 사람들이 아닙니다. 그런데 성도의 믿음은 천차만별입니다.

어떤 사람은 하나님에 관한 것을 지식으로만, 머리로만 알고 있는 사람도 있습니다. 그러나 그런 믿음은 진정한 믿음이라고 할 수 없습니다. 진정한 믿음은 우리의 가슴을 관통하고 만난 믿음이 있을 때 그 믿음이 진짜 믿음인 것입니다.

머리에서 가슴까지는 약 30센티미터 밖에 되지 않습니다. 그러나 어떤 교인은 30년이 걸려도 머리에만 머무는 믿음을 갖고 있는 교인이 있습니다. 그런 교인은 아직 진정한 성도라고 말을 할 수가 없을 것입니다. 성도(聖徒)는 거룩한 무리라는 뜻으로 예수님을 가슴으로 믿는 믿음의 사람들을 말합니다.

머리에서 가슴으로 내려오는 믿음을 갖는 것은 우리 모든 성도들의 숙제입니다. 머리에서 가슴으로 내려온 진짜 믿음을 갖고 생활할 수가 있어야 합니다.

가슴으로 내려온 믿음이 왜 중요합니까? 우리 인간은 오직 예수그리스도를 믿는 믿음으로만 구원을 얻기 때문에 그렇습니다. 우리의 구원은 세상 사람들이 생각하는 것처럼 착한 행위나 어떤 노력이나 공로로 받을 수가 없습니다.

우리 인간은 오직 예수님이 하나님의 아들 하나님이신 것과 우리 죄를 대신 짊어지시고 죽어주신 것과 죽었다가 3일 만에 부활하신 분이라는 것을 시인하고, 그분을 구주와 주님으로 영접하여야 구원을 얻게 되는 것입니다.

우리가 예수님을 정말로 믿으면 우리 마음속에 세상이 줄 수 없는 평안과 기쁨과 행복이 임합니다. 진짜 믿으면 일체의 죄책감과 두려움도 사라집니다. 예수님을 믿어도 왠지 불안하고 죄에 대한 두려움이 있다면 아직 온전한 믿음이 없기 때문에 그럴 수 있습니다.

성경에 보면 성도의 믿음은 하나님의 선물이라고 말씀하고 있습니다.
"너희는 그 은혜에 의하여 믿음으로 말미암아 구원을 받았으니 이것은 너희에게서 난 것이 아니요 하나님의 선물이라"(에베소서 2장 8절)

믿음이 선물인 이유는 보이지 않는 하나님을 믿는 것이기 때문에 그렇습니다. 그것은 인간의 이성과 지식과 합리적 사고로는 절대로 믿을 수 없는 것입니다. 그렇기 때문에 우리가 믿음이 자라가려면 우리는 하나님의 말씀을 자주 경청하여야 합니다. 왜냐면 믿음은 들음에서 나기 때문에 그렇습니다.

"그러므로 믿음은 들음에서 나며 들음은 그리스도의 말씀으로 말미암았느니라"(로마서 10장 17절)

콩나물시루에 물만 주면 콩나물이 쑥쑥 자라듯이 우리의 메마른 심령에 예수님의 생명의 생수를 부어주면 믿음은 잘 자라가게 되어 있습니다. 기독교에서 말하는 믿음은 어떤 사상이나 생각을 굳게 믿으며 그것을 실현하려는 의지를 말하는 신념(信念)과는 완전히 다른 것입니다. 믿음은 하나님의 말씀을 그대로 믿는 것을 믿음이라고 합니다.

그러니까 하나님의 말씀을 100% 그대로 믿지 않으면 그 믿음은 진정한 믿음이라고 할 수가 없는 것입니다. 성경을 부분적으로만 믿는다면 그것도 온전한 믿음이 아닙니다.

2. 성도는 계속하여 영적 성장을 해나가야 합니다.

예수님을 믿지 않던 사람이 예수님을 구주와 주님으로 영접하면 그 사람은 영적으로는 이제 막 태어난 간난 아기에 불과합니다. 갓난아이지만 하나님의 자녀가 된 것은 틀림이 없습니다. 다만 영적으로 미숙한 상태에 있는 것입니다.

"그런즉 누구든지 그리스도를 안에 있으면 새로운 피조물이라 이 전 것은 지나갔으니 보라 새것이 되었도다"(고린도후서 5장 17절)

성도는 영적으로 계속해서 자라가야 합니다. 자라가지 않으면 영적으로는 앉은뱅이 같은 장애인이 되는 것입니다. 자녀에게 장애가 있으면 부모의 큰 걱정거리가 됩니다. 그러면 우리는 어디까지 자라가야 할까요? 우리에게 모든 면에서 본을 보여주신 예수님에게 까지 자라가야 합니다.

> "우리가 다 하나님의 아들을 믿는 것과 아는 일에 하나가 되어 온전한 사람을 이루어 그리스도의 장성한 분량이 충만한 데까지 이르리니"(에베소서 4장 13절)

3. 영적으로 성장하려면 매일 매일 성경의 말씀을 먹어야 합니다.

성경을 읽어야 하는 이유는 성경은 하나님의 말씀을 기록하고 있는 책인데, 말씀을 통하여 신앙이 자라고, 인간의 삶의 이유와 근거와 목적을 알게 되고, 하나님께서 이 세상을 어떻게 운행해 가시는지를 알게 됩니다.

이 성경 말씀을 우리가 매일의 양식으로 먹을 때, 놀라운 역사가 일어나게 됩니다.

첫째는 우리가 죄인이라는 것을 알려줍니다.

> "그러나 성경이 모든 것을 죄 아래에 가두었으니 이는 예수 그리스도를 믿음으로 말미암는 약속을 믿는 자들에게 주려 함이라"
> (갈라디아서 3장 22절)

둘째는 우리의 구원은 인간의 힘으로는 안 된다는 것을 알려줍니다.

"오직 이것을 기록함은 너희로 예수께서 하나님의 아들 그리스
도이심을 믿게 하려 함이요, 또 너희로 믿고 그 이름을 힘입어 생
명을 얻게 하려 함이니라"(요한복음 20장 31절)

셋째는 우리가 어떻게 살아가야 하는지를 알려줍니다.

성경에는 우리 인생의 비밀이 다 나와 있습니다. 세상에서
는 박사학위를 갖고 있어도 인생의 목적을 알 수 없지만, 교
회에 오면 단번에 인생의 목적을 알게 됩니다.

"내 이름으로 불려지는 모든 자 곧 내가 내 영광을 위하여 창조한
자를 오게 하라 그를 내가 지었고 그를 내가 만들었느니라"(이사
야 43장 7절)

기도

위험으로부터 벗어나게 해달라고 기도하지 말고
위험에 처해도 두려워하지 않게 해 달라고 기도하게 하소서.

고통을 멎게 해달라고 기도하지 말고
고통을 이겨낼 가슴을 달라고 기도하게 하소서.

생의 싸움터에서 함께 싸울
동료를 보내 달라고 기도하는 대신
스스로의 힘을 갖게 해 달라고 기도하게 하소서.

두려움 속에서 구원을 갈망하기보다는
스스로 자유를 찾을 인내심을 달라고 기도하게 하소서.

나 자신의 성공에서만 신의 자비를 느끼는
겁쟁이가 되지 않도록 하시고
나의 실패에서도 신의 손길을 느끼게 하소서.

- 라빈드라나트 타고르 -

17장

제사를 드려서 그래요

제사를 드리는 것이
큰 죄라는 것을 알려주시다

"아빠, 제가 의대에 합격하면 보내주실 거예요?"

대전외국어고등학교를 다니던 아들이 어느 날 불쑥 이렇게 질문했다.

"그럼, 합격만 하면 당연히 보내주지."

아들의 갑작스러운 질문에 나는 웃으며 대답했다.

아빠가 공무원이라 집안 형편이 넉넉한 편이 아니기에 자신이 의대에 입학하면 등록금이 많이 들어갈 것을 생각한 아들이 확인차 물어본 것이었다. 나는 아들이 그렇게 물을 때 내심 기뻤다. 당시 아들은 의대에 들어갈 실력은 아니었다. 하지만 의대 진학에 관심이 있어 열심히 공부할 생각을 비춘 것이라 생각하니 기분이 좋았다. 그후 아들은 정말로 열심히 공부해 의대에 입학했다.

아들은 대전외고에 입학했을 때 선행학습이 전혀 되어 있지 않았다. 외고에 입학한 학생들은 입학할 때 이미 2학년 과정까지 선행학습을 마치고 온다는 것을 나중에 알았다. 그런 상황이었기에 아들은 1, 2학년 동안 상위권 실력이 아니었다.

아들의 친구들 표현에 의하면 아들은 눈에서 레이저가 나올 것처럼 집중해서 공부했다. 아들이 고3이 되자 아내는 매일 교회에 나가 기도를 했다. 새벽 예배뿐만 아니라 낮에도 수시로 교회에 나가 기도를 했다. '아내의 기도 덕분에 아들이 의대에 들어간 것이 아닐까?'라는 생각이 들 만큼 열심히 기도했다.

사실 아들의 의대 입학에는 다소 비밀스러운 일이 있다.

충남 예산군 광시면사무소에서 근무할 때 아들을 낳

았다. 이름을 뭐라고 지을지에 고민하자 아내가 시형(時炯)이라고 지으면 어떻겠냐고 했다.

당시 정신과 박사인 이시형 박사가 자주 매스컴에 등장했기에 아마도 시형이라는 이름이 좋게 느껴졌는가 보다. 한자로 보아도 '때 시(時)' 자에 '빛날 형(炯)'로 '시대를 빛내는 사람'이라는 뜻이 좋아 아내 의견에 찬성했다.

그리고 아들이 커서 이시형 박사처럼 훌륭한 사람으로 자라가기를 소망했다. 그때는 우리 부부가 교회를 다니지 않았다. 그런데 시간이 흘러 우리 부부는 하나님을 믿는 사람이 되었고, 아들은 의대에 진학해 공교롭게도 정신과 의사가 되었다. 하나님의 놀라운 은혜가 아닐 수 없다. 아들의 이름을 지을 때 소망한 그대로 이루어주시는 축복이 임한 것이다.

의대에 입학한 아들이 정신과로 전공을 정하기 전에 있었던 일이다. 아들은 지방 소재의 의대에 입학했는데 나는 무척 아쉬운 마음이 있었다. 아들은 수능시험에서 국어에서만 몇 문제를 틀리고 나머지 과목은 거의 만점을 받았기에 한 학기만 재수하면 6년 동안 장학금을 받는 대학에 입학할 수 있을 것 같았기 때문이다.

그런 마음에 몇 번 아들을 설득했더니 처음에는 내켜 하지 않다가 순종을 해서, 한 학기 반수를 하고 수능시험을 다시 보았다. 예상대로 점수가 잘 나와서 더 좋은 의대에 입학할 수 있게 되었다. 그런데 원서를 내는 과정에서 아들과 의견 일치가 되지 않았다.

우리 부부가 원하는 의대와 아들이 원하는 의대가 달랐는데 아들은 원서 접수 마지막 날 우리 의견을 따라 주었다. 아마 기도하는 부모라고 해서 따른 것 같았다. 그런데 결과는 불합격이었다. 아들이 내려고 했던 대학에 원서를 냈으면 합격이었는데 우리가 원하는 대학에 원서를 냈기 때문에 불합격이 된 것이다. 우리 부부는 할 말이 없었다. 모두 우리 책임인 것 같았다.

그 후 아들이 방황하기 시작됐다.
아무것도 안 하고 방에 틀어박혀서 컴퓨터 게임만 했다.
그렇게 몇 달이 지나자 우리 마음이 너무 힘이 들었다.
"이러다가 아들이 폐인이 되겠구나"라는 생각이 들었다.
새벽마다 교회에 나가 "하나님, 우리가 무엇을 잘못했습니까? 잘못한 게 있으면 알려주세요"라고 기도했다.

그래도 아들의 방황은 계속됐다.

결국 아내와 함께 기도원에 들어가기로 했다. 이 문제가 해결되지 않으면 돌아오지 않을 심산으로 이불까지 싸서 공주 국제금식기도원으로 들어갔다. 기도원에 들어간 첫날 밤늦게까지 기도를 하고 나자 기도원 고○○ 원장께서 한 사람씩 상담을 해주었다.

"우리가 특별히 잘 못 살아온 것이 없는 것 같은데 지금 마음이 너무 힘듭니다."

고 원장님께서 잠깐 하늘을 바라보더니 "제사를 지내서 그래요"라고 말했다.

"나는 제사를 안 드립니다. 나는 형제들이 제사를 지낼 때 그냥 서 있기만 하고 속으로 기도만 합니다."

"도둑질할 때 망보는 사람은 도둑질한 것이 아닙니까?"

나도 방조범이라는 것이다.

나는 억울한 마음이 들었다. 1986년 8월 처음으로 교회에 나가고 2개월 후에 찾아온 추석부터 제사를 지내지 않고 제사 지내는 사람들 뒤쪽에 서서 속으로 하나님께 기도만 드렸다. 그렇게 한 이유는 어떤 교역자께서 "그렇게 하는 것은 문제가 없다"라고 말했기 때문이다.

고 원장께서는 그것을 온전히 회개하고 다시는 제사를

지내지 않으면 아들은 바로 회복되어 대학에 열심히 공부할 것이라고 말했다. 아내와 나는 우리 방으로 들어온 후 그동안 제사 지낸 것을 온전히 회개했다. 그리고 문제가 해결된 것 같은 마음에 바로 짐을 정리하고 한밤중에 기도원을 나와 집으로 돌아왔다.

우리 부부가 기도원에 다녀온 후 아들은 거짓말처럼 바로 회복되어 다니던 의대에서 열심히 공부했다. 시간이 지나 전공을 결정해야 하는 시점이 되자 아들은 정신과를 원했다. 그런데 "다른 지원자들이 있어서 합격한다는 보장이 없다"며 "어떻게 하면 좋겠냐?"고 물었다.

아들과 전화 통화를 하는데 하나님께서 금식하라는 마음을 주셨다. 그래서 3일 동안 금식을 하며 집중적으로 기도를 드렸다. 그때 나는 진주 경상대학교에서 학사관리과장으로 근무를 하고 있었다. 금식기도 응답은 아들이 원하는 대로 정신과를 지원하라는 것이었다.

나는 기도의 응답을 아들에게 알려주었고 아들은 현재 정신과 전문의가 되었다. 정신과는 당시 의대생들이 첫 번째로 선호하는 과였다. 지금은 바뀌었지만 말이다.

그 후 우리 가족은 집안에 제사가 있을 때면 그 자리에 참석하지도 않는다. 하나님은 우리가 우상에게 제사 지내는 것뿐만 아니라 근처에 가는 것도 싫어하신다는 것을 뼈저리게 알게 되었기 때문이다.

제사와 관련해 또 다른 체험이 있다.
장인은 골수 유교 신자로 성균관 진사과정을 수료하고
향교 일과 지관 업무를 할 정도로 제사와 관련해서는 일
인자라고 할 수 있는 분이다. 장인에게는 종교적인 이유
로 조상들에게 제사를 드리지 않는 것은 상상할 수 없는
일이다.
그런데 처가 식구 중 손위 동서인 조병찬 장로와 처형
인 강해숙 권사가 일찍부터 예수님을 영접하였기에 이
분들의 기도로 우리 가정이 먼저 예수님을 믿게 되었다.
나는 처가에 갈 때마다 장인께 예수님에 관해 말씀드리
며 "예수님을 믿어야 구원받습니다"라고 말했다.

그럴 때마다 장인은 못마땅한 표정을 지으면서 유교적
인 입장에서 반대의견을 분명히 피력하셨다. 우리가 아
무리 노력해도 장인께서는 절대로 교회에 나가지 않을
분이라는 게 우리들의 일관된 생각이었다.

시간이 흘러 장인께서 80살이 되었을 때 제사를 지내
기 위해 홀로 아들 집이 있는 서울로 가셨다. 제삿날 낮
에 아들과 며느리가 장인께 조심스럽게 "아버님, 우리도
교회에 나가면 안 될까요?"라고 여쭈었더니 장인께서는

245

"이것들이 내가 죽기도 전에 제사를 안 드리려고 교회에 나가려 해"라며 아주 심하게 역정을 내셨다고 한다.

그래서 없던 일로 하고 제사를 드렸는데 새벽 3시경 장인께서 자다가 일어나 소리를 지르시기에 놀라서 방에 들어가 보니 사시나무 떨듯 벌벌 떨고 계셨다고 한다. 놀란 아들과 며느리가 이유를 여쭈었더니 "시골에 있는 네 어머니한테 전화해서 나를 위해 기도하라고 해라"라고 하시고는 성경책을 가지고 오라고 하신 후 성경책을 베고 주무셨다고 한다.

다음 날 고향으로 돌아오신 장인께서는 누구의 권유도 없이 스스로 교회에 나가기 시작하셨다.

아마도 제사를 지낸 날 밤 하나님께서 장인께 지옥의 풍경을 보여주신 것이 아닐까 생각한다.

장인께서는 꿈이지만 사시나무 떨듯이 떨 정도로 무시무시한 광경을 본 것이다. 자녀들의 오랜 기도의 응답으로 하나님께서 장인께서 꼼짝 못하고 교회에 나가도록 엄청나게 무서운 광경을 보여주신 것이다.

그 후 장인께서는 한 주도 빠짐없이 교회를 다니면서 늦은 나이에 성경을 읽기 시작해 85세에 소천하실 때까지 신구약 성경 전체를 3회독을 할 정도로 열심히 하나님을 찾으셨다.

그런데 그렇게 열심히 교회를 다니고 성경은 읽으면서도 조상들께 제사 드리는 것만은 포기할 수 없었나 보다. 그래서 하나님께 이렇게 기도를 드렸다고 한다.

"하나님, 제가 성경 말씀대로 다 하겠습니다. 하지만 조상들께 제사 드리는 것만은 포기할 수 없으니 그 부분만 용서하여 주옵소서."

그러나 장인께서는 운명하기 전에 아들에게 놀라운 말씀을 하셨다.

"내가 그동안 제사를 드리는 문제로 하나님께 많은 죄를 범했다. 그러니 너는 더 이상 조상들에게 제사 드리지 말고 추모예배로 드리거라."

하나님 안에서 변화되지 않는 영혼은 단 한 명도 없다.

1. 제사는 무엇입니까?

성도들이 가장 기본적으로 지켜야 하는 첫 번째 계명은 바로 십계명입니다. 십계명 중에 1계명부터 4계명까지는 대신관계라고 해서 하나님과 관련된 것이고, 5계명부터 10계명까지는 대인관계에 해당되는 것입니다.

우리나라에서 지금도 열심히 지키고 있는 제사 제도는 중국에서 들어온 것입니다. 중국 송나라의 유교 학자였던 주희라고 하는 사람이 조상에게 제사를 드려야 한다고 주장하여 그것이 유교의 중요한 덕목이 되었고, 유교가 우리나라에 들어오면서 제사 제도가 함께 들어오게 된 것입니다. 이 제사는 우리 민족 고유의 미풍양속도 아니고, 더더욱 효도의 일환도 아닌 것입니다.

우리나라의 많은 사람들이 잘못 알고 있는 것이 있는데, 사람이 죽으면 귀신이 된다고 생각하여 조상귀신을 잘 모셔야 후손들이 복을 받는다고 믿고 있는 것입니다.

그러나 성경에 보면, 사람이 죽으면 귀신이 되는 것이 아니고, 살아생전에 하나님을 믿은 성도는 낙원(천국)에 들어가고, 믿지 않은 사람은 음부(지옥)에 들어간다고 분명히 말씀하고 있습니다.

기독교는 부모님이 살아 계실 때 효도하라고 가르칩니다. 기독교만큼 부모에게 효도를 강조하는 종교는 없을 것입니다. 부모가 살아있을 동안에 효도를 하고, 죽은 다음에는 절하지 말라는 것입니다. 십계명 중 5계명은 "네 부모를 공경하라 그리하면 네 하나님 여호와가 네게 준 땅에서 네 생명이 길리라"라고 알려주고 있습니다.

기독교에서는 추모예배를 드리는데, 그 성격은 부모님의 사랑과 은혜를 기억하고 그분들의 바람대로 하나님을 사랑하고 이웃을 사랑하는 삶을 살아가므로 세상에 선한 영향력을 끼치는 삶을 살아가자고 다짐하는 시간인 것입니다.

제사를 지내는 사람들은 음식을 차려 놓고 제사를 드리면 돌아가신 조상들이 와서 음식을 먹는 것처럼 생각하지만 죽은 사람은 음식을 먹을 수가 없습니다. 그리고 조상들이 제사를 받는 것이 아니고, 마귀의 부하들인 귀신들이 제사를 통해서 섬김을 받는 것입니다. 귀신들이 교묘한 술수로 영광을 가로채고 있는 것입니다.

2. 우상 숭배는 무엇입니까?

기독교에서 말하는 우상 숭배는 삼위일체 하나님께만 올려드려야 하는 경배와 찬양을 하나님이 만든 피조물에게 드려질 때 이것을 우상 숭배라고 합니다.

"그러므로 땅에 있는 지체를 죽이라. 곧 음란과 부정과 사욕과 악한 정욕과 탐심이니 탐심은 우상 숭배니라. 이것들로 말미암아 하나님의 진노가 임하느니라"(골로새서 3장 5절-6절)

우상 숭배를 하면 그것에 따른 하나님의 진노가 임한다고 성경을 말씀하고 있습니다.

"너를 위하여 새긴 우상을 만들지 말고, 또 위로 하늘에 있는 것이나 아래로 땅에 있는 것이나, 땅 아래 물속에 있는 것의 어떤 형상도 만들지 말며, 그것들에게 절하지 말며 그것들을 섬기지 말라. 나 네 하나님 여호와는 질투하는 하나님인즉 나를 미워하는 자의 죄를 갚되, 아버지로부터 아들에게로 삼사대까지 이르게 하거니와 나를 사랑하고 내 계명을 지키는 자에게는 천대까지 은혜를 베푸느니라"(출애굽기 20장 4절-6절)

질투는 사랑하지 않으면 하지 않는 것이 질투입니다. 하나님은 하나님의 아들의 생명으로 우리를 사랑하셨기 때문에 당연히 질투하십니다. 사랑하는 연인끼리는 남자가 마네킹만 바라보아도 질투를 하는 법입니다. 우리 하나님은 우리를 위해 하나님의 하나밖에 없는 아들의 생명을 주셨기 때문에 우리의 눈과 귀와 마음이 오직 하나님께만 고정되어 있기를 원하십니다.

하나님의 질투는 무서운 하나님의 진노로 나타납니다. 구약시대에 이스라엘 백성들이 하나님을 떠나 풍요와 번영의 신인 바알과 아세라라고 하는 가나안의 토착 신을 섬겼을 때, 하나님은 이웃 나라를 강하게 해서 이스라엘을 공격하게 하고, 그들을 죽이고, 포로로 끌어가게 하는 무시무시한 진노가 임하였습니다.

우상 숭배는 하나님 이외의 어떤 형상에게 절을 한다든지 섬기는 것도 우상 숭배이지만, 다른 무엇을 하나님보다 마음으로 더 사랑하고, 더 탐하고, 더 귀하게 생각하고, 더 갈망하면 그것이 바로 우상 숭배입니다.

요즘 우리 생활 속에서 보여지는 우상 숭배는 우리가 취미로 즐기는 등산이나 골프가 될 수도 있고, 이성이 될 수도 있고, 술이 될 수도 있고, 사업의 성공이나, 뛰어난 성적이나, 남에게 인정받으려고 하는 그 어떤 것이 될 수도 있습니다.

3. 우상 숭배의 결과는 무엇입니까?

우상 숭배는 하나님께서 가장 미워하시는 죄이며 지옥에 가는 무서운 죄입니다.

"육체의 일은 분명하니 곧 음행과 더러운 것과 호색과 우상 숭배와 주술과 원수 맺는 것과 분쟁과 시기와 분냄과 당 짓는 것과 분열함과 이단과 투기와 술 취함과 방탕함과 또 그와 같은 것들이라. 전에 너희에게 경계한 것 같이 경계하노니 이런 일을 하는 자들은 하나님의 나라를 유업으로 받지 못할 것이요"(갈라디아서 또한 우상 숭배자들은 불과 유황으로 타는 못에 들어간다고 성경은 말씀하고 있습니다.

"그러나 두려워하는 자들과 믿지 아니하는 자들과 흉악한 자들과 살인자들과 음행하는 자들과 점술가들과 우상 숭배자들과 거짓말하는 모든 자들은 불과 유황으로 타는 못에 던져지리니 이것이 둘째 사망이라"(요한계시록 21장 8절)

(1)인생의 방황은 예수님을 만나야 끝이 납니다.

오래 전에 고승덕이라고 하는 사람의 수험수기를 읽어본 적이 있습니다. 이 사람은 서울대학교 법대를 다니면서 4년 만에 우리나라에서 가장 어렵다고 하는 고등고시 3개를 우수한 성적으로 합격을 합니다.

사법시험은 최연소로 합격하고, 행정고시는 수석으로 합격하고, 외무고시는 차석으로 합격을 하였습니다. 그리고 서울대학교를 수석으로 졸업한 뒤에 우리나라에서 판사 생활을 조금 하다가, 예일대학교와 하버드대학교 로스쿨에서 석사과정을 마친 다음 세계적인 법률회사에서 국제변호사로 활동을 하게 됩니다.

그 뒤에 컬럼비아대학교 로스쿨에서 법무학 박사학위를 받습니다. 그러나 그의 마음은 채워지지 않았습니다. 사회적으로나, 학문적으로는 가장 높은 경지에 올랐지만, 인생이 이대로 끝이란 말인가 하는 허무함이 늘 남아 있었습니다.

그래서 절에도 찾아가 보았지만 답을 찾지 못하였는데, 누군가의 권유로 성경을 읽게 되었는데, 요한복음 14장 6절의 말씀을 보다가 드디어 예수님이 참 길이요 참 진리요 참 생명이라는 것을 깨닫고 인생의 방황을 끝낼 수가 있었습니다.

유명한 사상가인 파스칼은 "인간의 마음에는 오직 하나님만이 만족시킬 수 있는 영적 부분이 따로 있다"라고 했습니다. 우리가 아무리 세상적인 성공을 거두고, 높은 경지의 지식을 갖고 있다 할지라도 우리 영혼은 결코 채워질 수가 없도록 창조되었습니다.

하나님께서 인간을 창조하실 때 하나님의 형상으로 지으셨기에, 인간에게 영원을 사모하는 마음을 심어주셨습니다. 그래서 인간은 늘 영원한 삶을 소망하며 살아가는 것입니다. 성경은 영원한 것은 예수님이 영원하고, 하나님의 말씀이 영원하고, 하나님의 뜻을 행하는 자만 영원하다고 말씀하고 있습니다.

우리가 예수님을 영접할 때 우리는 영원한 생명으로 연결되는 것입니다. 당신을 영원한 삶으로 초청합니다.

꽃

내가 그의 이름을 불러주기 전에는
그는 다만
하나의 몸짓에 지나지 않았다.

내가 그의 이름을 불러 주었을 때
그는 나에게로 와서
꽃이 되었다.

누가 나의 이름을 불러다오.
그에게로 가서 나도
그의 꽃이 되고 싶다.

우리들은 모두
무엇이 되고 싶다.
너는 나에게 나는 너에게
잊혀지지 않는 하나의 눈짓이 되고 싶다.

– 김춘수 –

우리는 예수님이 우리 각자의 이름을 부르며 찾아오셨을 때, 하늘나라의 꽃이 되었습니다. 예수님을 진심으로 영접하면 우리는 예수님의 심장에 심겨진 영원한 꽃이 됩니다.

18장

하나님,
이럴 때는 다른 대학에 가서
근무하면 참 좋을 텐데요

생각만 해도 이루어주시는 하나님

국립한밭대학교 총무과장으로 근무할 때의 일이다.

대학에서 총장 선거를 치르는 큰 행사가 있었다. 총장 선거는 생각보다 치열한 경쟁이 벌어지곤 한다.

어느 날 총장 선거에 출마한 교수가 전화를 했다.

"총무과장님, 나 좀 도와주시면 고맙겠습니다."

당시 일반직 직원들도 총장 선거에 투표할 수 있었기에 일반직을 총괄하는 총무과장에게 그런 부탁을 한 것이다. 그러나 나는 "돕겠다"라고 대답할 수가 없었다. 내가 공과대학 행정실장으로 일할 때 공대학장이셨던 분이 총장 선거에 출마하셔서 암묵적으로 그분을 돕겠다고 약속했기 때문이다. 하나님을 믿는 사람이 거짓말을 할 수 없어서 "도와 달라"며 세 번이나 전화하셨지만 시원하게 대답할 수가 없었다.

시간이 흘러 총장 선거가 끝났다. 결과는 세 번이나 전화하신 분의 승리였다. 이렇게 되자 입장이 참으로 난감했다. 총무과장은 총장을 지근거리에서 보좌하는 사람인데, 총장 당선자를 도와주지 않았으니 앞으로 힘들 수도 있겠다는 생각이 들었다.

며칠 후 총장 취임식 행사와 관련해 총장 당선자와 통화를 하게 되었는데 목소리가 냉랭한 것 같은 느낌을 받았다. 순간 나도 모르게 '이럴 때는 옆에 있는 충남대학교의 행정실장으로 일하면 참 좋겠네'라고 생각했다.

당시는 "신학대학원을 졸업한 후 미자립교회에 가서 무보수로 헌신하라"는 하나님의 말씀이 있었기에 업무 부담이 적은 행정실장 자리로 갈 수 있다면 참 좋겠다고 생각했다.

그러나 그것은 생각일 뿐 현실에서 일어나기는 힘든 상황이었다. 왜냐면 내가 충남대학교로 발령이 나려면 교육부 장관이 발령을 내야 하는데 그것은 가능성이 없는 일이었다.

그런 상황이었기에 마음속으로만 생각했을 뿐이다. 그런데 놀라운 일이 벌어졌다. 며칠 후 충남대학교로 발령이 난 것이다. 나는 너무나 당황했다. 잠시 후 정신을 차리고는 "아하, 생각만 했는데도 하나님께서 이루어주셨구나"라고 생각하니 감사한 마음뿐이었다.

더욱 감사한 것은 충남대학교에서도 경상대학 행정실장으로 발령이 났는데 경상대학의 경영대학원에는 최고경영자과정이 있어서 행정실장에게 몇십만 원의 수당이 지급되는 것이었다.

나는 너무나 감사했다.

갑자기 신학대학원에 가라고 하셨을 때 '하나님, 신학대학원에 가려면 등록금이 많이 필요한데 어떻게 해야 하나요?'라며 걱정했다. 그런데 하나님께서 내 마음을 정확히 아시고 등록금 문제를 해결해 주신 것이다.

기적같은 일은 또 벌어졌다.

충남대학교로 옮긴 후 '이런 자리에서 계속 있으면 신학대학원 등록금 문제가 해결되니 너무 좋겠다'라고 생각했다. 그러나 대학의 행정실장은 대부분 1~2년에 한 번씩 순환보직을 하기에 내가 그 자리에 오래 있는다는 것은 현실적으로 가능성이 없는 일이었다.

그런데 어느 날, 경영대학원장이 내 아래 직원인 계장

에게 급하게 행정 사항을 부탁했는데 그 계장이 마음이 상했는지 3일 동안 병가를 내고 출근을 하지 않았다. 그러자 경영대학원장이 내게 어려움을 하소연하였다. 나는 경영대학원장의 급한 행정 사항과 다른 문건을 직접 기안해 해결을 해주었다. 그러자 너무도 고맙다며 내가 만든 기안문을 들고 경상대학 학장과 함께 사무국장을 찾아가 "경상대학 행정실장은 정년퇴직할 때까지 다른 곳으로 보내지 말아 달라"고 부탁했다. 사무국장은 학장과 원장에게 부탁해서 그런 일이 이뤄진 것이라 오해할 수도 있었다. 그 일로 인해 나는 정년퇴직을 할 때까지 4년 동안 한 자리에서 보직을 변경하지 않고 근무하는 기록을 세우게 되었다.

그 일은 전적으로 하나님께서 하신 일이었다.
그리고 내게 이렇게 말씀하시는 것 같았다.
"대학원 등록금 문제를 해결해 주기 위해 한 자리에서 계속 근무할 수 있도록 조치한 것이다. 그러니 내가 너와 함께 있다는 것을 절대로 잊지 말거라."

하나님은 우리가 마음속으로 생각하는 것도 정확히 아신다. 그래서 하나님은 우리 마음의 중심을 보신다고 하지 않았던가? 우리는 하나님이 기뻐하는 모습으로 살아가기만 하면 되는 것이다.

1. 에벤에셀의 하나님, 임마누엘의 하나님,
여호와이레의 하나님

하나님은 우리를 이 세상이 만들어지기 전부터 알고 계셨고, 사랑해 주셨습니다. 우리는 이 세상에 우연히 나온 것이 아닙니다. 하나님은 우리 각자를 향한 놀라운 계획을 갖고 계십니다. 우리는 하나님의 뜻을 이루어 드리기 위하여 이 세상에 온 것입니다.

"곧 창세 전에 그리스도 안에서 우리를 택하사 우리로 사랑 안에서 그 앞에 거룩하고 흠이 없게 하시려고, 그 기쁘신 뜻대로 우리를 예정하사 예수 그리스도로 말미암아 자기의 아들들이 되게 하셨으니"(에베소서 1장 4절-5절)

에벤에셀이라는 뜻은 도움의 돌이라는 히브리어인데, 여기까지 인도해 주신 하나님이라는 뜻을 갖고 있습니다. 여기까지 인도해 주신 에벤에셀의 하나님은 지금도 우리와 함께 계셔서 우리의 발걸음마다 인도하고 계십니다.

그리고 우리와 지금도 함께 하시는 하나님을 임마누엘 하나님이라고 합니다. 모든 것을 아시고, 모든 것을 하실 수 있는 하나님이 우리와 함께하고 계시니, 우리는 어떤 걱정도 근심도 할 필요가 없는 것입니다. 그 하나님께서 마음속으로 생각만 해도 이루어 주시는 것입니다.

지금도 우리와 항상 함께하고 계신 임마누엘 하나님은 앞으로도 끝까지 우리의 필요를 아시고 준비해 주시는 하나님이십니다. 이렇게 우리에게 무엇이 필요한지 아시고, 준비하시는 하나님을 여호와이레의 하나님이라고 합니다. 하나님의 자녀는 에벤에셀의 하나님, 임마누엘의 하나님, 여호와이레의 하나님께서 모든 것을 책임져 주신다는 것을 믿고, 세상속에서 구별된 삶을 살아가야 합니다.

2. 복을 받을 수밖에 없도록 살아가야 합니다.
우리의 형편과 처지를 다 알고 계신 하나님께서 우리가 생각만 하여도 이루어 주시는 복된 삶을 살아가려면, 무엇보다도 하나님께서 복을 주실 수밖에 없도록 살아가는 것이 중요합니다.

나는 집사 직분으로 섬기고 있을 때, 하나님께 세 가지를 약속드린 것이 생각납니다. 온전한 주일성수, 온전한 십일조, 그리고 일평생 새벽예배를 드리겠다고 하나님께 약속드렸습니다. 그리고 그것을 지금까지 실천해 오고 있습니다.

하나님 입장에서 볼 때, 성도가 하나님 중심으로 살고 싶어서 스스로 세 가지를 약속드리고 실천한다면, 하나님께서 참으로 기뻐하실 것이라는 생각이 듭니다. 특히 일평생 새벽예배는 참으로 쉽지 않은 것인데, 그것을 약속드리고 실천하였을 때, 그것이 나에게는 하나님의 큰 축복을 받는 계기가 되었습니다.

내가 새벽형 인간이기 때문에 그런 약속을 드린 것이 아닙니다. 나는 밤에는 늦게까지 있어도 괜찮지만, 새벽에는 도저히 일어날 수가 없는 야간형입니다. 그래도 그것을 이기고 실천하였을 때 그것이 하나님께서 복을 주실 수밖에 없도록 살아온 삶이 아닐까 하는 생각을 해 봅니다.

3. 하나님의 뜻을 이루어 드리는 삶을 살아가야 합니다.

우리가 하나님의 자녀로 살아가면서 하나님의 뜻을 분별하고, 그 뜻을 이루어 드리는 삶을 살아간다면 최고의 삶이 될 것입니다. 그러기 위해서는 우리는 하나님 아버지의 뜻을 분별하기 위하여 항상 하나님께 여쭈어보아야 합니다.

하나님 아버지의 선하시고 기뻐하시고 온전하신 뜻을 알고 그 뜻을 이루어 드리기 위하여, 날마다 근신하고 깨어서 기도하는 삶을 살아간다면 하나님께서 영광을 받으실 것이라고 생각합니다.

시편 23편

여호와는 나의 목자시니 내게 부족함이 없으리로다.

그가 나를 푸른 풀밭에 누이시며

쉴 만한 물가로 인도하시는 도다.

내 영혼을 소생시키시고 자기 이름을 위하여

의의 길로 인도하시는 도다.

내가 사망의 음침한 골짜기로 다닐지라도

해를 두려워하지 않을 것은

주께서 나와 함께 하심이라.

주의 지팡이와 막대기가 나를 안위하시나이다.

주께서 내 원수의 목전에서 내게 상을 차려 주시고

기름을 내 머리에 부으셨으니 내 잔이 넘치나이다.

내 평생에 선하심과 인자하심이 반드시 나를 따르리니

내가 여호와의 집에 영원히 살리로다.

- 다윗의 시, 시편 23절 1절-6절 -

주님의 재림의 때가 가까이 다가오고 있으니, 너는 하나님 나라 확장을 위해 최선을 다하거라

완성되지 않은 예수님의 모습을 환상으로 보여주시다

2010년에 있었던 일이다.

나는 그동안 몸담았던 장로교회를 떠나 전도사로 훈련 받을 침례교회로 옮기기 위해 마음의 준비를 하고 있었다. 다니던 장로교회 담임목사께서 내가 침례교회로 옮겨 전도사 훈련을 받는 것을 탐탁지 않게 생각했기에 마음이 영 불편했다.

나는 하나님께 서원했기 때문에 그 길로 갈 수밖에 없는데 담임목사님은 내가 가는 길을 축복해 주지 않고 좋아하지 않는 기색이니 마음이 불편한 것이 당연했다.

하긴 교회에서 요긴하게 쓰임 받던 장로·권사 부부가 교회를 옮긴다고 하니 담임목사 입장에서는 마음이 아팠을 것이다. 그런 면에서는 충분히 이해가 되었지만 '하나님께서 더 큰 뜻에 사용하시겠다고 하면 주의 종으로서 기쁜 마음으로 받아들여야 하는 것 아닌가?'라는 생각이 들어 아쉬운 마음이 들었다.

어느 날 나는 하나님께 기도를 드렸다.

"하나님, 이런 때는 어떻게 해야 합니까?

제가 침례교회에서 전도사 훈련을 받아야 하는데 담임목사님께서 힘들어하시니 제 마음이 아주 불편합니다. 하나님, 이럴 때는 어떻게 해야 합니까? 하나님의 정확한 뜻을 알려주세요."

이런 기도를 얼마간 계속 드렸다. 그러던 어느 날 새벽 2시경 잠이 깼다. 화장실에 다녀와 다시 잠을 청하는데 갑자기 눈앞에 예수님의 상이 확 들어왔다. 예수님의 상은 흑백이었고 키가 엄청나게 컸다. 하늘까지 닿을 정도는 아니지만 언뜻 보기에도 엄청나게 큰 상이었다.

그런데 그 상을 자세히 보니 예수님의 모습이 완전하

지 않았다. 머리와 가슴은 완성이 되었는데 예수님의 두 팔 중 팔꿈치 아랫부분과 두 다리 중 무릎 아래가 완성되지 않은 모습이었다.

그 모습을 보고 있는데 갑자기 두 팔과 두 다리의 완성되지 않은 부분을 크게 확대해 보여주셨다. 그 부분을 자세히 보니 놀랍게도 개미처럼 작은 수많은 성도들이 팔과 다리에 달라붙어서 완성되지 않은 부분을 완성하고 있었다.

예수님의 몸을 완성해 가고 있는 성도들은 대한민국의 성도들만이 아니라 전 세계의 성도들이라는 사실을 감동으로 알려주셨다.

참으로 놀라운 광경이었다. 그러면서 하나님께서는 우리 성도는 예수님의 몸 된 교회를 완성해 가는 사람들이기 때문에 내가 전도사 훈련을 위해 다른 교단으로 옮기는 것은 문제가 없다는 것을 알려주셨다.

예수님의 몸 된 교회를 전 세계 성도들이 완성하듯이, 내가 이 교단에서 저 교단으로, 이 교회에서 저 교회로 옮기는 것은 문제가 없음을 알려주신 것이다.

하나님께는 모든 교회가 하나라는 것을 알려주셨다. 그런데 인간들이 교단과 교회를 나누고 서로 더 좋은 교단이라고 뽐낸다는 사실을 알려주셨다.

우리는 우리가 속해 있는 교단, 내가 섬기고 있는 교회가 최고라고 생각한다. 그러나 하나님은 그렇게 생각하지 않으신다는 것을 알려주셨다.

하나님께서는 고민하고 힘들어하는 나에게 놀라운 환상을 보여주셨다. 나는 성령께서 그 비밀을 알려주셨을 때 마음의 근심이 한순간에 해소되는 것을 느꼈다. 그 일 후 내 마음에서 큰 바위가 내려가는 것 같은 상쾌함이 있었다.

내가 전도사로 훈련받으러 가는 것에 대한 확실한 응답을 받은 것이다. 그것은 하나님께서 기뻐하시는 일이라는 것임을 알려주셨다. 그거면 되는 것이다. 하나님께서 기뻐하신다면 사람이 막을 수 없는 것이다. 나는 그 응답 이후 떳떳하고 당당한 마음이 들었다. 그러나 담임 목사님의 서운한 마음을 헤아려 작은 물질과 따뜻한 말로 위로해 드리고 기쁜 마음으로 교회를 옮겼다.

예수님이 하나님의 아들인 것과 그 예수님께서 인간을 구원하시기 위하여 인간의 모든 죄를 대신 짊어지시고 십자가에서 죽어주셨고, 죽은 지 사흘 만에 다시 부활하신 것을 온전히 믿는 성도라면 그 성도는 어디에서 살든지 예수님의 나라를 세워가는 동역자인 것이다.

하나님은 우리에게 "하나가 되라"고 하셨는데 인간은 끊임없이 분열하고 나누기를 좋아한다. 그것은 욕심과 교만 때문이다. 인간에게 탐욕이 있는 한 이 땅에서 하나 되는 것은 어려울 것이다.

나는 그 환상에 대하여 묵상을 했다. 그러던 어느 날 감동을 주셨다.

"예수님의 몸이 완성되면 성경에서 약속하신 대로 예수님의 재림이 있을 것이다. 아직 완성되지 않았지만 얼마 남지 않았다. 이제 예수님의 팔과 무릎 아래쪽만 완성되면 세상은 종말이 오는 것이다."

그러니까 하나님께서는 지금이 정말로 세상의 끝인 종말, 즉 말세라는 것을 알려주셨다. 그러면서 "주님의 재림이 가까이 다가오고 있으니 너는 하나님 나라 확장을 위해 최선을 다하거라"라고 감동을 느끼게 하셨다.

예수님의 몸이 완전히 완성되려면 얼마나 걸릴까? 그 시기와 때는 아무도 모른다. 그러나 분명히 얼마 남지 않았다. 예수님의 팔꿈치 아랫부분과 무릎 아래쪽만 완성되면 예수님은 재림하신다. 그래서 많은 사람들이 "예수님의 재림이 가까이 다가오고 있는 것 같다"라고 말하는 것이다.

　하나님의 시간은 인간의 시간과 다르다. 하나님은 천
년이 하루 같은 분이시다. 하나님은 시간과 공간 위에 초
월해 계신 분이다. 하나님의 시간은 어제나 오늘이나 내
일이나 동일하다. 그러나 인간은 시간과 공간 안에 있다.
그래서 인간에게는 시간의 제약 때문에 죽음이 있고 공
간의 제약 때문에 장소 이동의 어려움이 있다.

　우리는 그날을 준비하며 살아야 한다.
　그날은 반드시 온다는 것을 기억하고 그날 그 심판대
에 우리가 어떤 모습으로 설 것인가를 깊이 생각하며 살
아가는 지혜가 우리 모두에게 있기를 소망한다.

1. 예수님의 재림은 정말로 있습니까?

지금 우리나라 사람들은 예수님의 재림을 잘 믿지 않으려고 하는 경향이 있습니다. 이단을 믿는 사람들이 몇 차례 예수님의 재림이 있을 것이라는 엉터리 예언을 한 바 있고, 또 그것이 그대로 이루어지지 않는 것을 보았기 때문에 믿으려고 하지 않습니다.

그러나 예수님의 재림은 반드시 있습니다. 구약 성경에서 예언된 예수님의 초림과 구세주로서의 구원 사역에 관한 하나님의 말씀은 정확히 100% 이루어졌습니다. 하나님은 우리의 장래의 일을 미리 알려주시지 않습니다. 그런데 사람들은 우리의 장래 일을 너무나 알고 싶어 합니다. 그런 까닭에 성경을 임의로 해석하는 사람들이 나오고, 그들이 사람들을 미혹하고 혼란스럽게 하는 것입니다.

"이르되 갈릴리 사람들아 어찌하여 서서 하늘을 쳐다보느냐 너희 가운데서 하늘로 올려 지신 이 예수는 하늘로 올라가심을 본 그대로 오시리라 하셨느니라"(사도행전 1장 11절)

예수님의 재림이 있을 때 아래와 같은 일들이 일어날 것이라고 성경은 우리에게 알려주고 있습니다.

"주께서 호령과 천사장의 소리와 하나님의 나팔 소리로 친히 하늘로부터 강림하시리니, 그리스도 안에서 죽은 자들이 먼저 일어나고, 그 후에 우리 살아남은 자들도 그들과 함께 구름 속으로 끌어 올려 공중에서 주를 영접하게 하시리니 그리하여 우리가 항상 주와 함께 있으리라"(데살로니가전서 4장 16절-17절)

예수님의 재림은 자신을 낮추시고 십자가에서 죽기까지 복종하신 예수님을 하나님께서 모든 이름 위에 뛰어난 이름으로 만들어 주시고, 하늘과 땅의 모든 권세를 주셨기 때문에 예수님께서 그 권세를 갖고 이 세상을 심판하고 통치하기 위해서 다시 오시는 것을 말합니다.

예수님의 재림은 너무나 중요한 사건이기에 신약성경에는 약 300번 이상 말씀하고 있습니다. 예수님은 재림은 해가 동쪽에서 뜨는 것처럼 확실하게 반드시 있습니다. 예수님께서 십자가를 지시기 바로 전날 밤에도 다시 오실 것이라고 예언하셨고, 예수님께서 승천하실 때에도 재림하실 것에 대하여 확실하게 말씀을 하셨습니다.

"가서 너희를 위하여 거처를 예비하면 내가 다시 와서 너희를 내게로 영접하여 나 있는 곳에 너희도 있게 하리라"(요한복음 14장 3절)

2. 예수님의 재림은 언제 있습니까?

예수님의 재림이 정말로 있다는 것은 성경에서 분명히 약속하고 있지만, 다만 그 시기와 때는 하나님 외에는 아무도 모른다고 말씀하고 있습니다.

성경의 말씀 밖으로 넘어가서 재림의 날과 때를 정확하게 말하면 이단이 되는 것입니다. 누군가 예수님의 재림을 정확히 연월일시로 말하고 있다면 모두 이단입니다.

"그러나 그 날과 그때는 아무도 모르나니 하늘의 천사들도, 아들도 모르고 오직 아버지만 아시느니라"(마태복음 24장 36절)

예수님의 재림(再臨)이라는 뜻은 다시 오신다는 뜻이니까, 그렇다면 이미 예수님이 이 땅에 먼저 오셨던 분이라는 뜻이 내포되어 있습니다. 예수님께서 이 땅에 처음으로 오셨던 사건을 초림(初臨)이라고 합니다.

예수님은 초림은 하나님의 아들이신 예수그리스도께서 인간을 죄로부터 구원하시기 위해서 이 땅에 사람의 모습으로 내려오셔서 십자가에서 인간의 모든 죄를 대신 짊어지시고 죽어주시기 위하여 오신 사건을 말하는 것입니다. 그러니까 예수님의 초림은 십자가의 죽음을 통해 우리의 구원 사역을 성취하기 위해서 오신 것을 말합니다.

예수님의 재림은 문자적이며 역사적인 사건인 것입니다. 왜냐면, 사도행전에 분명히 승천하실 때와 같이 모든 사람들이 볼 수 있도록 오신다고 하셨기 때문입니다. 예수님의 재림은 하나님의 시간이 차면, 반드시 오실 것입니다.

3. 예수님의 재림이 있기 전에 우리는 어떻게 살아야 합니까?

예수님의 재림이 있을 때까지 우리는 어떤 삶의 자세로 살아가야 할까요?

첫째는 스피노자의 정신으로 살아가야 합니다.

스피노자라고 하는 사람은 "내일 세상의 종말이 온다고 하여도 한 그루의 사과나무를 심겠다"라고 했습니다.

우리는 하루하루를 마지막 날인 것처럼 살아가면 됩니다. 그렇게 살아가는 삶을 종말론적인 삶이라고 합니다. 하루하루를 최선을 다해 살아가면 결코 후회가 남지 않는 인생이 될 것입니다. 우리는 이 땅에서 3가지를 두려워하며 살아가야 하는데, 그것은 종말과 부활과 심판입니다. 그러면 후회가 없는 삶이 될 것입니다.

둘째는 오직 우리의 눈과 마음이 하나님께만 고정된 삶을 살아가야 합니다.

하나님은 우리가 이 세상을 살아가는 동안 형통한 날과 곤고한 날을 같이 선물로 주셨습니다. 형통한 날과 곤고한 날을 주신 이유는 형통한 날이건, 곤고한 날이건 매 순간마다 하나님만 바라보며 살아가라는 뜻입니다.

"형통한 날에는 기뻐하고, 곤고한 날에는 되돌아보아라. 이 두 가지를 하나님이 병행하게 하사 사람이 그의 장래 일을 능히 헤아려 알지 못하게 하셨느니라"(전도서 7장 14절)

우리는 우리의 앞날이 어떻게 될지 모르는 것이 축복입니다. 그래야 하나님께 집중하는 삶을 살아갈 수가 있기 때문입니다. 우리의 앞날을 다 알고 산다면 그것보다 재미없는 삶은 없을 것입니다.

성도에게는 하루하루가 새로운 날입니다. 매일매일 하늘에서 새 은혜와 긍휼을 부어주시는 하나님을 만날 수가 있기 때문입니다. 그래서 우리는 굳이 앞날을 알 필요가 없는 것입니다. 지금 우리가 무엇을 심고 있느냐가 바로 우리의 미래이기 때문에 그렇습니다.

지금 우리가 착한 행실을 심고 있다면 이다음에 반드시 착한 행실의 열매를 거둘 것이고, 의를 심고 있다면 이다음에 반드시 의인의 열매를 거두게 될 것입니다. 하루하루 하나님이 기뻐하시는 삶을 살아가고 있다면 그것으로 족한 것입니다. 그러면 우리의 미래는 최고의 미래가 될 것입니다.

셋째는 착한 행실을 심으며 살아가야 합니다.
심은 대로 거둔다고 하는 법칙은 기독교의 황금률입니다.

우리는 옆에 있는 사람들에게 선한 영향력을 끼치는 삶을 살아가야 합니다.

성도의 평가는 이 세상에서 이루어지는 것이 아닙니다. 우리가 하나님의 심판대 앞에 서게 될 때, 진짜 평가가 이루어집니다. 그래서 우리는 이 세상에서 하나님의 논리와 가치관으로 살아가야 하는 것입니다.

썩어질 세상의 논리와 가치관으로 살아가면 하나님 앞에 가지고 갈 것이 아무것도 없는 삶이 될 것입니다. 그러면 그때 자신의 삶이 가장 실패자의 삶을 살았다는 것을 발견하게 될 것입니다. 그러나 그때는 이미 늦은 것입니다.

"이같이 너희 빛이 사람 앞에 비치게 하여 그들로 너희 착한 행실을 보고 하늘에 계신 너희 아버지께 영광을 돌리게 하라"(마태복음 5장 16절)

넷째는 마라나타의 정신으로 살아가야 합니다.

성경의 마지막 책은 요한계시록인데, 그 책에 보면 예수님께서 속히 오실 것이라고 말씀하고 계십니다.

"보라 내가 속히 오리니 내가 줄 상이 내게 있어 각 사람에게 그가 행한 대로 갚아 주리라"(요한계시록 22장 12절)

그리고 성경 마지막 20절-21절에 보면 "이것들을 증언하신 이가 이르시되 내가 진실로 속히 오리라 하시거늘 아멘 주 예수여 오시옵소서. 주 예수의 은혜가 모든 사람에게 있을 지어다"라고 성경은 끝을 맺습니다.

여기서 "주 예수여 오시옵소서"라는 말은 아람어로 "마라나타"라고 합니다. 이 말은 예수님의 부활을 목격한 예수님의 제자들이 예수님께서 빨리 재림하시기를 소망하여 사용하였던 인사말이었습니다.

이 땅에서의 한숨과 탄식과 눈물과 질병과 죽음과 환난과 핍박을 씻어줄 그날을 소망하는 삶은 가장 복된 삶인 것입니다. 재림의 주님을 소망하는 삶을 살아간다는 것은 하루하루 주님의 기쁨으로 살아가고 있다는 반증인 것입니다.

우리 모두 마라나타의 정신으로 살아갈 수 있기를 소망합니다. 그리고 천국에서 꼭 뵙기를 기도합니다. 아멘 주 예수여 오시옵소서. 할렐루야!

 백영심 간호사 이야기

1990년 9월, 김포국제공항 출국장. 당시 28세이던 백영심 간호사가 아프리카 케냐로 의료 선교를 떠나던 날이었다. 돌아올 날은 정해지지 않았다. 부모님은 공항 바닥에 두 다리를 쭉 뻗고 주저앉아 엉엉 울었다.

백 간호사는 2남 4녀 중 셋째 딸. 제주 조천읍 함덕에서 태어나 대학까지 제주에서 마쳤다. 자식을 육지로 내놓는 일만 해도 조마조마했는데, 그 귀한 셋째 딸이 결혼도 하지 않은 채 아프리카로 간다니….

백 간호사를 아프리카로 파송했던 한국 교회조차도 그가 금방 돌아올 줄 알았다. 처음엔 정식 선교사 월급 대신, 교회 청년들이 모아준 300달러(약 36만 원)와 병원 퇴직금을 가지고 떠났다.

하지만 백 간호사는 아프리카에서 30년을 '시스터 백'으로 살았다. 시스터 백은 현지 사람들이 그를 부르는 애칭. 그는 케냐에서 4년, 나머지 세월은 아프리카 중에서도 최빈국이라는 말라위에서 보냈다.

자기 월급을 쪼개고 아껴 말라위에 유치원·초등학교·진료소를 지었고, 200병상 규모의 최신식 종합병원인 대양누가 병원과 간호대학 설립도 주도했다.

이 공로를 인정받아 백 간호사는 2012년 이태석상, 2013년 나이팅게일 기장, 2015년 호암상, 지난 8월 성천상을 받았다. 백 간호사는 호암상 상금 3억 원은 현지에 도서관을 짓는 데 썼고, 성천상 상금 1억은 "현지 중·고등학교를 짓는 데 쓸 예정"이라고 했습니다.

그녀는 국제 구호품 시장에서 1달러짜리 옷을 사서 입고 있었지만, 전혀 부족함이 없다고 고백하였습니다. 그녀는 한 번 사는 인생을 가장 최선의 삶을 살아가기 위하여 아프리카로 선교를 떠났다고 말하였습니다.

알프레드 디 수자의 아름다운 시

춤추라, 아무도 바라보고 있지 않은 것처럼.
사랑하라, 한 번도 상처받지 않은 것처럼.
노래하라, 아무도 듣고 있지 않은 것처럼.
일하라, 돈이 필요하지 않은 것처럼.
살라, 오늘이 마지막 날인 것처럼.

20장

하나님 저보다 더 행복한 목사가 있으면 나와 보라고 하세요

세상에서 가장 행복한 시골 목사로 살아가다

나는 지금 세상에서 가장 행복한 목사로 살아가고 있다. '나보다 행복한 목사가 있을까?'라는 생각을 한다. 나는 세상에서 개인적으로 바라는 것이 아무것도 없다. 하나님께서 이미 다 이루어주셨기 때문이다. 아니 아직 이루어주시지 않은 것이 있을지라도 그런 것은 전혀 문제가 안 된다.

나는 늘 우리 교회는 작지만 강한 교회라고 자부한다. 작지만 하나님과 동행하는 교회, 작지만 하나님의 뜻을 이루어드리는 교회, 작지만 하나님의 일하심을 보는 교회, 작지만 하나님께서 바라고 원하시는 교회면 된다고 생각한다. 우리 교회를 통해 하나님의 나라가 세워지고 확장되고 해외에서도 우리 교회가 파송하고 후원하는 선교사들을 통해 하나님의 나라가 확장되고 있으니 그거면 된다고 생각한다.

지나고 나서 생각해 보니 나를 여기까지 인도해 주신 것은 전적으로 하나님의 은혜임을 깨닫는다. 특히 수없이 많은 세상 여자 중에서 어렸을 때부터 교회에 다닌 아내와 결혼하게 하신 걸 보면 더욱 그런 생각이 든다.

아내는 나와 결혼을 할 때는 교회에 나가지 않았지만 어렸을 때 고향에 있는 교회에 오랫동안 열심히 다녔던 경험이 있기에 쉽게 하나님을 만나게 된 것이다.

나와 아내를 시골교회에 보내 사용하시기 위해 하나님은 오랫동안 우리 부부를 준비시키셨다는 것을 느낀다. 아내는 나와 결혼한 후 서른 살이 넘은 나이에 피아노를 배워 문화촌 동성교회에서 수요일 저녁 예배 반주를 하였다. 아내가 피아노를 배운 것이 이렇게 시골교회에서 요긴하게 쓰임 받기 위함임을 그때는 미처 알지 못했다.

아내도 나처럼 집안이 어려워 제 때에 상급학교에 진학하지 못하고 결혼 후에 방송통신대학교 유아교육과를 졸업했다. 한동안 유치원교사로 일하다가 허리가 아픈 바람에 공인중개사 자격증을 취득해 대전에서 공인중개사로 활동하다가 하나님께서 나를 목회자로 부르시면서 함께 옥천에서 기쁨으로 헌신하고 있다.

아내는 수시로 반찬과 찌개를 끓여서 어려운 성도들을 섬긴다. 아내의 몸에 이상이 있기 전에는 오랫동안 매주 화요일 저녁마다 음식을 준비해 혼자 식사 준비를 제대로 하지 못하는 성도들을 사랑으로 섬기기도 했다.

그러나 우리 부부가 이 교회에서 하는 헌신은 극히 미약하다. 그런데 하나님은 아주 큰 사랑과 은혜로 갚아주신다. 특히 자녀들에게 복을 내려주셔서 아들과 며느리는 의사로 헌신하고 있는데 아들은 개원의이고 며느리는 울산대학교 병원에서 교수로 일하고 있다.

사위는 카이스트에서 박사학위를 하고 삼성전자에서 책임연구원으로 헌신하고 있고 딸은 한국교원대학교에서 박사과정을 하면서 대학에서 강의하며 후학을 양성하고 있다. 어떻게 내가 이런 큰 은혜를 입었는지 알 수가 없다. 나는 참깨만큼 일했는데, 하나님께서 수박만큼 복을 내려주셨다.

나는 가끔 하나님께 이렇게 기도드린다.

"하나님, 저보다 더 행복한 목사가 있으면 나와 보라고 하세요. 하나님, 저를 세상에서 가장 행복한 목사로 만들어 주셔서 너무너무 감사합니다."

믿음의 부모는 자녀가 믿음으로 살아가는 것보다 더 큰 기쁨이 없다. 아들은 병원에서 인턴으로 있을 때도 어려운 사람들에게 매월 50만 원씩 헌금을 보냈다. 병원을 개원한 첫날의 수입은 첫 소산물로 하나님께 드렸고 최근에는 산상수훈이 나오는 말씀 한 장을 암송하며 하나님이 전부인 삶을 살아간다. 나는 그 모습이 눈물 나게 고맙다.

딸은 늘 말씀을 묵상하고 기도하며 하나님 중심으로 살아가면서 남편과 아들을 사랑으로 섬기며 우리 교회에 가끔 특별헌금을 보낸다. 그럴 때면 눈물이 나도록 고마운 생각이 든다. 저녁마다 영상통화로 대화하는 친손자 세 명과 외손자 한 명은 우리 부부에게 남다른 기쁨이요 감사 거리다.

지금 유일한 바람은 나의 남은 생애 끝까지 하나님께 쓰임 받는 것이다. 항상 주님이 원하시는 곳에서 원하시는 모습으로 있기를 기도한다. 그리고 시간이 갈수록 나

를 통해 하나님께서 더욱 크게 일하시는 것을 보는 것이
유일한 소망이다.

"할렐루야! 하나님 저를 최고의 길로 인도해 주서서 감
사합니다."

1. 진짜 행복은 어디에서 얻을 수 있을까요?

진짜 행복은 전능하신 창조주 하나님 안에 있을 때 얻을 수 있습니다. 전능자 안에 있을 때 인간은 진정한 행복을 누리게 됩니다.

기독교는 관계의 종교입니다. 하나님과 바른 관계가 맺어지면 그때부터 세상이 줄 수 없는 진정한 행복을 맛보게 됩니다. 한 마디로 하나님 안에 있을 때만 우리는 진짜 평안, 진짜 기쁨, 진짜 행복을 누리게 됩니다. 하나님 밖에 있으면 근심과 걱정과 두려움과 공포가 찾아옵니다.

왜냐면, 예수님은 포도나무이시고 우리는 포도나무의 가지이기 때문에 그렇습니다. 포도나무 가지는 본체인 포도나무에서 떨어져 나가면 금방 시들어 죽고 맙니다. 우리가 예수님과 온전하게 연합되어 있지 않으면 금방 시들어 버리고 결국은 영원한 죽음에 이르게 되는 것입니다.

이스라엘 백성들은 우리나라처럼 작은 나라이기 때문에 항상 강한 나라로부터 고난과 핍박을 겪었지만, 그러함에도 불구하고 그들은 하나님의 백성이었기에 가장 행복한 사람들이라고 성경은 말씀하고 있습니다.

"이스라엘이여 너는 행복한 사람이로다. 여호와의 구원을 너 같
이 얻은 백성이 누구냐 그는 너를 돕는 방패시오 네 영광의 칼이
시로다. 네 대적이 네게 복종하리니 네가 그들의 높은 곳을 밟으
리로다"(신명기 33장 29절)

하나님과 온전한 관계가 맺어진 사람은 가장 행복한 사람
입니다. 죄의 문제가 해결되지 않고는 우리는 하나님과 온전
한 관계가 맺어질 수가 없습니다. 죄의 문제가 해결되지 않은
사람은 진짜 행복을 누릴 수가 없습니다.

성도들의 믿음의 아버지로 불리는 아브라함에게 여호와 하
나님께서 이렇게 말씀을 하셨습니다.
"내가 너로 큰 민족을 이루고 네게 복을 주어 네 이름을 창대하게
하리니 너는 복이 될지라"(창세기 12장 2절)

하나님을 믿는 성도는 아브라함의 후손이기 때문에 아브라
함에게 약속한 복이 우리의 복이 되는 것입니다. 성도는 "복
이 될지라" 즉 우리 자신이 복 자체가 되고, 복덩어리가 된다
는 뜻입니다. 하나님을 믿고 복을 받을 수밖에 없는 존재, 즉
복덩어리로 살아가기를 바랍니다.

죄의 노예로 살아가는 사람이 어떻게 행복할 수가 있겠습
니까?

미국의 수도 워싱턴에는 한국전 기념공원이 있는데, 그곳에 이런 글씨가 돌에 새겨져 있는 것을 보았습니다.

"자유는 결코 공짜가 아니다(Freedom is not free)."

우리가 죄로부터 자유를 누리며 살아갈 수 있도록 해 주기 위하여 하나님의 아들이신 성자 하나님의 생명이 필요하였습니다. 인간의 죄가 이렇게 무서운 것입니다. 우리가 죄의 노예로부터 해방되어 자유인으로 살아가기 위해서는 하나님의 생명이 필요하였다는 것을 잊지 마시기 바랍니다.

예수그리스도는 십자가에 달리신 하나님이십니다. 예수님 안에 생명과 평안과 기쁨과 행복과 소망이 있습니다.

2. 하나님께 가지고 갈 수 있는 것을 붙잡고 살아가야 합니다.

우리는 하나님께로 가지고 갈 수 있는 것들을 붙잡고 살아가야 합니다. 그래야 후회 없는 삶을 살아갈 수가 있습니다. 이 세상의 것들은 다 지나갑니다. 영원한 것을 붙잡고 살아가는 사람은 참 지혜로운 사람입니다.

"이 세상도 그 정욕도 지나가되, 오직 하나님의 뜻을 행하는 자는 영원히 거하느니라"(요한일서 2장 17절)

이 세상에서 살아가는 동안 하나님의 뜻을 이루어 드리는 삶을 살아가는 자는 주님과 영원히 거하는 축복을 받게 됩니다. 시간이라는 말이 우리나라에서는 하나의 뜻만 있지만, 헬라어에는 두 가지의 뜻을 가지고 있습니다. 크로노스(chronos)의 시간과 카이로스(kairos)의 시간이 있습니다. 크로노스는 자연적으로 흘러가는 연대기적인 시간을 말합니다. 크로노스의 시간은 모든 사람에게 공평하게 흘러갑니다. 지금이 2020년 9월 16일이라고 할 때 바로 그 시간을 말합니다.

반면에 이렇게 의미 없이 흘러가는 무의미한 시간 속에 의미를 부여할 수 있는 특정한 시간이 카이로스의 시간입니다. 카이로스는 정신적이며 주관적으로 느끼는 심리적인 시간으로 하나님이 기억하시는 시간입니다.

우리는 의미 없이 흘러가는 모든 크로노스의 시간을 하나님께 가지고 갈 수 있는 카이로스의 시간으로 바꿔서 살아가야 합니다. 우리가 지금 예수님의 이름으로 사랑을 실천하고, 착한 행실의 삶을 살아가고 있다면 그런 시간은 하나님께 가지고 갈 수 있는 카이로스의 시간이 될 것입니다. 우리의 모든 시간이 카이로스의 시간으로 가득 채워지길 바랍니다.

3. 우리는 그날을 준비하며 살아가야 합니다.

미국의 시인이자 비평가인 제임스 러셀 로웰은 "죽음은 우리의 긴 여행이 끝날 때 우리를 마중하는 가족과 같은 것이다"라고 말했습니다. 우리는 언젠가 반드시 죽음을 맞이하게 됩니다.

세상에서는 가장 두렵고 무서운 것이 죽음입니다. 그러나 예수님을 진짜 믿는 성도는 죽음을 전혀 두려워하지 않습니다. 성도에게 죽음은 잠을 자는 것입니다. 잠을 자는 사람은 반드시 다시 깨어난다는 것을 믿기 때문입니다.

사람은 반드시 죽게 되어있고, 죽은 다음에는 모든 인간이 반드시 다시 부활합니다. 그런데 부활에는 두 가지 종류가 있는데, 하나는 생명의 부활이 있고, 또 하나는 심판의 부활이 있습니다.
> "선한 일을 행한 자는 생명의 부활로 악한 일을 행한 자는 심판의
> 부활로 나오리라"(요한복음 5장 29절)

바울 사도는 이 두 가지 부활을 의인의 부활과 악인의 부활로 표현하고 있습니다.
> "저희의 기다리는바 하나님께 향한 소망을 나도 가졌으니 곧 의
> 인과 악인의 부활이 있으리라 함이라"(사도행전 24장 15절)

하나님을 믿는 성도가 맞이하는 생명의 부활은 영원한 생명으로의 회복이고, 가장 아름다운 모습으로의 회복이고, 흠과 점이 없는 완전함으로의 회복이고, 가장 풍요로움으로의

회복이고, 가장 행복한 삶으로의 회복인 것입니다. 이 부활에 동참하시기를 소망합니다.

이 땅에서 예수님을 믿지 않은 사람들은 죽은 다음에 심판의 부활을 하게 되는데, 그다음에는 어디로 가게 될까요?

"만일 네 눈이 너를 범죄하게 하거든 빼버리라. 한 눈으로 하나님의 나라에 들어가는 것이 두 눈을 가지고 지옥에 던져지는 것보다 나으리라. 거기에서는 구더기도 죽지 않고, 불도 꺼지지 아니하느니라"(마가복음 9장 47절-48절)

이 말씀은 예수님께서 친히 하신 말씀입니다. 천국과 지옥은 정말로 있습니다. 지옥은 꺼지지 않는 불 속에서, 죽지 않는 구더기로부터 영원히 고통을 당하는 곳입니다. 이 사실을 믿지 않으면 영원히 후회하게 됩니다.

지금 당신을 위하여 십자가에서 죽어주신 예수님을 겸손한 마음으로 바라보시기 바랍니다. 그리고 "예수님, 나에게 믿음을 주옵소서"라고 가장 진실한 마음으로 기도해 보시기 바랍니다.

참회록

파란 녹이 낀 구리거울 속에서
내 얼굴이 남아 있는 것은
어느 왕조의 유물이기에
이다지도 욕될까.

나는 나의 참회의 글을 한 줄에 줄이자
만 24년 1개월을 무슨 기쁨을 바라
살아왔던가.

내일이나 모레나 그 어느 즐거운 날에
나는 또 한 줄의 참회록을 써야 한다.
그때 그 젊은 나이에 왜 그런 부끄런 고백을 했던가.

밤이면 밤마다 나의 거울을
손바닥으로 발바닥으로 닦아보자.

그러면 어느 운석 밑으로 홀로 걸어가는
슬픈 사람의 뒤 모양이
거울 속에 나타나온다.

– 윤동주 –

절대 다음으로 미루지 말고
지금 바로 예수님을!

"사람이 마음으로 자기의 길을 계획할지라도 그의 걸음을 인도하시는 이는 여호와시니라"(잠언 16장 9절)

인간은 자신이 살고 싶은 대로 살지는 못하는 것 같습니다. 나는 공무원으로 재직하다가 정년퇴직을 하면 캠핑카를 빌려서 아내와 함께 여기저기 좋은 곳을 여행하려는 계획을 세웠는데 하나님께서 갑자기 찾아오셔서 목사로 만드셨습니다.

"인생은 출생(비, Birth)과 죽음(디, Death) 사이에서 선택(시, Choice)하는 것이다"라는 말이 있습니다. 우리에게는 수없이 많은 선택의 순간이 찾아옵니다. 이 책을 읽는 모든 분들께 인생의 마지막이 오기 전에 가장 지혜로운 선택이 있기를 소망합니다.

내가 책을 쓴다는 것은 내 인생에는 없는 계획이었습니다. 그런데 예상치 않게 책을 썼습니다. 2020년 8월

19일 아내와 아침밥을 먹고 다과를 하면서 이런저런 이야기를 하다가 딸에게 시를 써서 보냈습니다.

나는 시라는 것을 처음 쓴 것이기에 '이 글이 시가 맞나?'라고 생각했습니다. 그 일이 있기 며칠 전에 아내와 산책을 하면서 탐스럽게 익어가는 대추를 보며 딸 이야기를 했던 것이 '시심'을 발동시킨 것 같습니다.
대추가 빨갛게 익어가는 9월 21일에 딸이 태어났기에 대추만 보면 딸이 생각나곤 합니다.

가을 소녀

내가 다시 나와
저 대추를 볼 수 있을까.
산고가 온다고 병원으로 향하며
아내는 혼잣말처럼 말하였지.

풋대추가 익어가듯
가을 소녀는
붉고 탐스럽게
잘 영글어서
결혼 폐백 때

친정엄마가
복 많이 받으라며
대추 한 주먹 던져주듯
가을 소녀는
자기 옆을 스치는 나그네에게
가을 대추 한 줌씩
전해 주네.

부부는 지금도 대추 바라보며
늘 웃음 주는 가을 소녀에게
고맙고 흐뭇한
미소 짓는다.

세월이 흘러 황혼에도
익어가는 가을 대추 바라보며
부부는 감사의
눈물짓네.

우리가 받을 복이 남아 있다면
가을 소녀에게 주시라고
오늘도
기도의 향을 올려보낸다.
이 글을 대학에서 국어를 가르치는 딸에게 보냈더니

"앞으로 시를 쓰는 목사님이 되세요"라고 힘을 실어주었습니다. 그래서 용기를 얻어 새로운 글을 또 하나 써서 이번에는 우리 칠 남매에게 보내주고는 옛날이야기로 정담을 나누었습니다.

우리 엄마

작고 여리신 우리 엄마
손이 민첩하여 무슨 일이든
쓱쓱 처리하시던
요술쟁이 우리 엄마

여름 점심은 감자와 옥수수
저녁은 손칼국수
손칼국수 끝자락 불에 구워
호호 먹던 그 시절 눈물 나네.

겨울 점심은 고구마와 동치미
저녁은 묽은 죽
밤마다 지도 그렸던 추억에
정겨운 생각이 나네.

아침마다 벌리는 손 외면 못 해
이집 저집 발 동동
눈물 훔치던 우리 엄마
내 눈에는 눈물이 그렁그렁.

스르륵 탁 스르륵 탁 가마니 짜는 소리
여기저기 걸린 외상값 빨리 갚으려는 듯
속도가 빨라지면 새끼를 꼬아대는
고사리손은 빨갛게 달아오르네.

아버지가 좋아한다고 자녀들이 잡아 온
미꾸라지를 맛나게 끓여주던 그 정성
그러나 엄마는 비린 것이 싫다고
평생 입도 대지 않으셨지.

한평생 호미질과 집안 살림
무릎 관절염에
잘 먹고 쉬어야 한다는 의사의 말은
야속한 메아리.

가끔은 아옹다옹 칠 남매에게
우애 있게 살아라 그 말씀 가슴에 박혀
서로 애지중지 사랑으로 보듬고 살아가니

우리 엄마 감사해요.
하나님
천국에서 우리 칠 남매
우리 엄마 모시고 영원히
우애 있게 살게 하소서.

이렇게 두 개의 시를 쓴 다음 날인 2020년 8월 20일 새벽예배 기도시간에 갑자기 하나님께서 내게 강력한 마음을 심어주셨습니다. 음성으로 찾아오셨으면 더 좋았을 텐데, 이번에는 음성이 아니고 내적인 감동으로 찾아오셨습니다. 감동의 내용은 "전도용 책을 출간하라"라는 것이었습니다. 나는 '왜 갑자기 전도용 책을 출간하라고 하실까?'라고 생각했습니다.

그 일이 있기 몇 달 전부터 기도를 드렸습니다.
"하나님 지금은 코로나 때문에 전도의 길이 막혔습니다. 지금은 사람을 만날 수도 없습니다. 이럴 때는 어떻게 전도를 하면 됩니까? 전도의 길 좀 열어주옵소서."
아마도 그 기도에 대한 응답이라는 생각이 들었습니다. "네게 필요한 전도용 책을 네가 직접 만들어서 사용하라"라는 뜻으로 받아들였습니다.
기도가 끝난 후에 적잖이 당황이 되어 생각해 보았습

니다.

"전도용 책을 만들면 어떤 식으로 만들어야 하지? 아, 그동안 하나님께서 들려주신 음성과 감동을 중심으로 간증문을 만들고 간증문 주제별로 성경을 쉽게 풀어주면 많은 도움이 되겠다."

그리고 며칠 후 기도 중에 '책을 만들 거면 빨리하면 좋겠다'라는 마음을 주셔서 서둘러 책을 만들기 시작했습니다.

이 책은 40여 일 만에 초안이 만들어졌습니다. 아마도 하나님께서 급하게 구원하실 영혼이 많기에 그렇게 서두르신 것이 아닌가 생각합니다.

이 지면을 빌어 늘 기쁨과 슬픔을 함께 나누며 주님의 길을 묵묵히 걸어가는 참으로 고마운 동반자인 아내 강해순 사모와 기독교 명문 가족을 만들어 가기 위하여 오늘도 하나님의 말씀을 붙잡고 살아가는 김시형, 문수영, 김하중, 김하현, 김하진 그리고 양이삭, 김지연, 양희찬 그리고 존경하는 우리 엄마 유복례 님과 칠 남매에게 나의 사랑스러운 가족이 되어주어 고맙다는 말을 전합니다.

나는 이 책을 통해 한 영혼이라도 더 구원을 받는다면

더 바랄 것이 없습니다. 이 책 때문에 교회에 나가게 되었다는 사람을 많이 만날 수 있게 된다면 기뻐서 눈물을 흘릴 것입니다.

또한 이 책을 처음부터 끝까지 꼼꼼하게 살피시고 수정·보완해 주신 전 침례신학대학교 조직신학 교수이며 이 시대의 참 스승이신 근광현 교수님께 깊은 감사를 드립니다.

이 책을 읽은 분들은 더 이상 세상의 소털을 붙잡지 말고, 전지전능하시고, 생사화복을 주관하시며, 우리에게 복 주기 원하시는 하나님을 꼭 영접하시기를 바랍니다. 지금이 마지막 기회일 수 있습니다. 절대로 다음으로 미루지 마시고 지금 바로 길이요 진리요 생명이신 예수님을 붙잡기 바랍니다. 그래서 꼭 천국에서 만날 수 있기를 소망하며 기도하겠습니다.

하나님, 홀로 영광을 받아주시옵소서. 할렐루야!

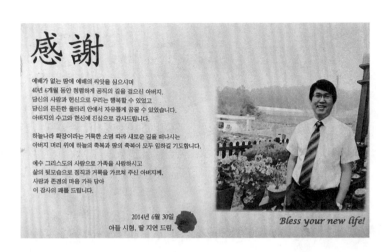

感 謝

예배가 없는 땅에 예배의 씨앗을 심으시며
40년 6개월 동안 청렴하게 공직의 길을 걸으신 아버지.
당신의 사랑과 헌신으로 우리는 행복할 수 있었고
당신의 든든한 울타리 안에서 자유롭게 꿈꿀 수 있었습니다.
아버지의 수고와 헌신에 진심으로 감사를 드립니다.

하늘나라 확장이라는 거룩한 소명 따라 새로운 길을 떠나시는
아버지 머리 위에 하늘의 축복과 땅의 축복이 모두 임하길 기도합니다.

예수 그리스도의 사랑으로 가족을 사랑하시고
삶의 뒷모습으로 정직과 거룩을 가르쳐 주신 아버지께,
사랑과 존경의 마음 가득 담아
이 감사의 패를 드립니다.

2014년 6월 30일
아들 시형, 딸 지연 드림

- 위 글은 저자의 정년퇴직 일년 전에 아들과 딸이 드린 감사패 내용입니다.

일상생활에서 성령님과
친밀하게 교제하는 비결

해럴드 J. 살라 지음

성령님과 친숙하게 지내는 삶의 비결
오늘 우리의 삶에서 역사하시는
성령님의 인격, 능력, 목적, 사역!

성경전서에서 예수님 만나기

정석진 지음

100일간 / 구속사적 / 성경통독
100일간의 성경동독을 동해서 성경의 주제인
예수 그리스도를 성경전서 곳곳에서 만나게하는책!

형제들의 모임 교회사

정인택 지음

5만 번 기도 응답받은 - 조지 뮬러
남미 아우카 선교 작전 - 짐 엘리엇
한국에 알려진 성경학자
F.F. 브루스/아이언사이드/맥킨토시
에릭 사우어… 형제들의 모임인 브레드린 출신입니다!

Step-by-Step
성경여행(신·구약)

고은주 원장 지음

성경을 역사적 배경과 연대기적으로 이해하고
성경 66권의 흐름을 한 눈으로 볼 수 있는 책!

성경적/역사적/신학적/과학적 방법을 동시에 사용하여
성경개요를 한 눈에 파악 할 수 있도록 하여,
성경의 흐름을 많은 도표와 그림을 통해 시각화 한 책!

윌밍턴
본문중심
성경연구

리버티대학교 헤롤드 L. 윌밍턴 박사 지음

성경책별/ 주제별 연구를 위한 최상의 참고서!
1000가지 넘는 메시지 요약/ 묵상 자료/ 성경연구자료서!

종합 성경 연구

(구약/신약)

로버트 보이드 박사 지음

30가지 주제 / 30일간 기도서

무릎 기도문 시리즈 18

1

자녀를 위한 무릎 기도문

하나님의 사랑받는 자녀로 성장시키기 위한 기도서!

2

가족을 위한 무릎 기도문

하나님의 축복받는 가정이 되기 위한 지도서!

3

태아를 위한 무릎 기도문

태아와 엄마를 영적으로 보호하고 태아의 미래를 준비하는 태담과 태교 기도서

4

아가를 위한 무릎 기도문

24시간 돌봐주시는 하나님께 우리 아가를 맡기는 기도서!

5

십대의 무릎 기도문

멋지고 당당한 십대 되게 하는 기도서!

6

십대자녀를 위한 무릎 기도문

하나님의 사랑받는 자녀로 성장시키기 위한 기도서!

7

재난재해안전 무릎 기도문 〈자녀용〉

불의의 재난 사고로부터 자신을 지키는 방법을 배우는 기도서!

8

재난재해안전 무릎 기도문 〈부모용〉

불의의 재난 사고로부터 자신을 지키는 방법을 배우는 기도서!

남편을 위한 무릎 기도문

사랑하는 남편의
신앙, 건강, 성공 등을
이루게 하는 아내의 기도서!

아내를 위한 무릎 기도문

아내를 끝까지 지켜주는
남편의 소망, 소원,
행복이 담긴 기도서!

워킹맘의 무릎 기도문

좋은 엄마/좋은 직원/
좋은 성도가 되기이해
노력하는 워밍맘의 기도서!

손자/손녀를 위한 무릎 기도문

어린 손주 양육에
최선을 다하는
조부모의 손주를 위한 기도서!

자녀의 대입합격을 위한 부모의 무릎 기도문

자녀 합격을 위한
30가지 주제와
30일간 기도서!

대입합격을 위한 수험생 무릎 기도문

수험생을 위한
30가지 주제와
30일간 기도서!

태신자를 위한 무릎 기도문

100% 확실한 전도를 위한
30일간의 필수 기도서!

새신자 무릎 기도문

어떻게 믿어야 할지 모르는
새신자가 30일 동안 스스로
기도하게 하는 기도서

교회학교 교사 무릎 기도문

반 아이들을 위해
실제로 기도할 수 있게 하는
교회학교 교사들의 필수 기도서!

선포(명령) 기도문

소리내 믿음으로 읽기만 해도
주님의 보호, 능력, 축복,
변화와 마귀를 대적하는
강력한 선포기도가 됩니다!

망망한 바다 한가운데서 배 한 척이 침몰하게 되었습니다.
모두들 구명보트에 옮겨 탔지만 한 사람이 보이지 않았습니다.
절박한 표정으로 안절부절 못하던 성난 무리 앞에 급히 달려 나온 그 선원이
꼭 쥐고 있던 손바닥을 펴 보이며 말했습니다.
"모두들 나침반을 잊고 나왔기에… "
분명, 나침반이 없었다면 그들은 끝없이 바다 위를 표류할 수 밖에 없을 것입니다.

우리는 삶의 바다를 항해하는 모든 이들을 위하여
그 나침반의 역할을 하고 싶습니다.
우리를 구원하신 위대한 주 예수 그리스도를 널리 전하고 싶습니다.

"하나님은 모든 사람이 구원을 받으며
진리를 아는 데에 이르기를 원하시느니라"
(디모데전서 2장 4절)

우리는 어떻게 살다가 / 어디로 가는가?

지은이 │ 김일묵 목사
발행인 │ 김용호
발행처 │ 나침반출판사

제1판 발행 │ 2021년 1월 3일

등   록 │ 1980년 3월 18일 / 제 2-32호
본   사 │ 07547 서울특별시 강서구 양천로 583
          블루나인 비즈니스센터 B동 1607호
전   화 │ 본사 (02) 2279-6321 / 영업부 (031) 932-3205
팩   스 │ 본사 (02) 2275-6003 / 영업부 (031) 932-3207
홈   피 │ www.nabook.net
이   멜 │ nabook365@hanmail.net
일러스트 제공 │ 게티이미지뱅크

ISBN   978-89-318-1606-8
책번호 나-1035

값은 뒷표지에 있습니다.